Md. Sadique Shaikh

Futura modelação da inteligência artificial

Md. Sadique Shaikh

Futura modelação da inteligência artificial

A forma de modelação de I.A. que nunca viu antes...

ScienciaScripts

Imprint

Cover image: www.ingimage.com

This book is a translation from the original published under ISBN 978-613-8-95491-0.

Publisher:
Sciencia Scripts
is a trademark of
Dodo Books Indian Ocean Ltd. and OmniScriptum S.R.L publishing group

120 High Road, East Finchley, London, N2 9ED, United Kingdom
Str. Armeneasca 28/1, office 1, Chisinau MD-2012, Republic of Moldova, Europe
Managing Directors: Ieva Konstantinova, Victoria Ursu
info@omniscriptum.com

Printed at: see last page
ISBN: 978-620-8-59036-9

Conteúdo

Dedicado a

A minha mãe **"Shahenaaz Parvin"**

A minha mulher **"Safeena Sadique Shaikh"**

Os meus queridos filhos **"Md. Nameer Shaikh" & "Md. Shadaan Shaikh"**

Dedicado aos meus amigos mais chegados

"Tanveer Sayyed"

"Jyoti Firke"

"Ritashri Chaudhari"

Sobre o autor

Prof. (Dr.) Md. Sadique Shaikh

Licenciatura (ES), Mestrado (ES), Mestrado em Tecnologia (IT & AI),
D.B.M, P.G.D.M. (EM), M.B.A. (HRM),
M.B.A. (Marketing), M.Phil. (Gestão), DMS (IBM)
AIMSR
Jalgaon, M.S, Índia

O Prof. Md. Sadique Shaikh é atualmente Professor e Diretor de Tecnologia e Gestão no Instituto de Gestão e Ciências (IMS) do KYDSC Trust, Bhusawal, MS, Índia. Está a trabalhar em cursos de M.Tech e M.B.A em várias disciplinas, mas alguns domínios de investigação sólidos são Visão Robótica, Aprendizagem Automática, Processamento de Imagem, Inteligência Humanoide, Biónica, Mobots, IA Avançada, Negócios Internacionais, Análise de Dados, Gestão de Bigdata, IoT, VO, MIS, HRIS Eletrónica Digital e Ótica, Nanotecnologia e Computação Quântica, Spintrónica, etc. É qualificado em M.S (ES), M.Tech (IT), M.B.A (HRM), M.B.A (MM), PGDM D.B.M seguido de M.Phil., Doutoramento em Estudos de Gestão DMS (Negócios Internacionais) e Doutor em Filosofia Ph.D (Recursos Humanos). Fez palestras convidadas, comunicações curtas, discursos de abertura e apresentou trabalhos de investigação em vários locais de renome como IITs, IIMs, BARC, NMU, PU, MU, NU, entre outros. Tem 15 anos de experiência em indústrias e académicos, tendo apresentado trabalhos em mais de 167 conferências/simpósios/webinars e é autor de 63 livros internacionais e mais de 127 artigos de investigação, comunicações curtas, opiniões e relatórios de investigação em todo o mundo, alguns dos quais na Alemanha, Reino Unido, EUA.A, Índia, Malásia, Maurícia, Hong Kong, Singapura, Emirados Árabes Unidos, Itália, França, Japão, China, Roménia, Espanha e Austrália, nos domínios da robótica, cérebro biónico, AAI, UAI, computação quântica, tecnologias da informação, robótica médica e cirúrgica, ciências espaciais, gestão, cosmologia e ciências espaciais e ciências electrónicas. **Os seus 09 livros foram republicados em italiano, espanhol, português, polaco, sueco, holandês, alemão, francês, russo e inglês em 09 línguas internacionais diferentes em todo o mundo pela Omniscriptum Berlin, Alemanha e outras editoras em todo o mundo e os livros "Next Level Vision in Artificial Intelligence" e "Business of Different Thinking" são os mais populares.** É orientador de muitos estudantes para projectos de investigação avançada em Tecnologia e Gestão. É membro do conselho editorial de várias revistas internacionais conceituadas do Reino Unido, EUA, Japão e Índia. Trabalhou em várias Conferências/Simpósios Internacionais como OCM & Membro do Comité Consultivo dos E.U.A., Reino Unido, Austrália, Japão, Espanha, Índia e Turquia. Organizou várias conferências/simpósios nacionais/internacionais, cimeiras, MDPs, LDPs e FDPs e vários grandes eventos. É revisor de várias revistas internacionais de renome (REAJ), sendo a Robotics & Automation Engineering Journal uma delas. **Tornou-se Editor-Chefe Convidado do volume especial da revista "Medical Robotics and Surgery".** Revisor e membro do Journal of medical and pharmacy. Editor do Invasive Surgical Research Journal e especialista em Robótica Médica Avançada. Escreveu várias comunicações curtas/entrevistas e editoriais para revistas de renome mundial. É Educador Internacional, Autor e Orador Convidado. É OCM da Bio-Core, Dubai,

U.A.E. É editor da OMICS Online London, SciPG, U.S.A. e Research-Route Journal, Índia, JARAP-India e também de várias outras. É revisor da Kosmospublishers, EUA. É orador convidado na ICEAAE-2019 (Frankfurt, Alemanha) 2ª Edição da Engenharia Aeroespacial e Aeronáutica. Membro do Conselho Editorial do Journal of Robotics & Automation" e do "Journal of Mechanical Handling and Automation" do JournalPub, Noida, Índia. Membro do Conselho Editorial do Journal of Applied Sciences, Redelve LLC Pub, EUA. Tornou-se membro do Conselho Editorial do International Journal of Robotics and Automation, International Journal of Mechanical Handling and Automation JournalspPub, Índia, Tornou-se EDM no "Asian Journal of Social Science Management & Economics" Índia. Ele é OCM da CONFERÊNCIA INTERNACIONAL DE FARMACOLOGIA E REDE DE FARMÁCIA, 26-28 de setembro de 2019, Hilton Garden Inn Houston Westbelt Houston, EUA. Ele é OCM na Conferência Internacional sobre Inteligência Artificial e Aprendizagem de Máquinas, Osaka, Japão. Tornou-se membro do Conselho Editorial do "Asian Journal of Social Science Management & Economics", Índia, International Multilingual Journal of Science and Technology (IMJST), Berlim, Alemanha. Orador e OCM na International Conference on Artificial Intelligence & Machine Learning, OSAKA, JAPÃO, "International Conference on Mechanical & Aerospace Engineering" Tóquio, Japão e "World Physics Congress" Dubai, U.A.E. OCM na International Scientific Summit in Artificial Intelligence and Robotics, Valência, Espanha, OCM na International Conference on Robotics and Automation Engineering, Roma, Itália. Revisor do Journal of Multidisciplinary Engineering Science Studies (JMESS), Berlim, Alemanha. Editor-chefe do International Journals of research Publications (IJR Publications). Editor-chefe do MAA International Journal of Research in Computer Applications and Technology, Indore, Índia. Trabalho em IA avançada selecionado em Paris, EUA, Japão, Espanha, Hong Kong, Londres, Brasil, Indonésia, Alemanha, EAU, etc. Tornou-se OCM na Conferência Internacional de Física e Rede da Malásia 2019, Kuala Lumpur, Malásia. Tornou-se OCM na 3 rd Conferência Internacional e Expo sobre Sistemas Aeroespaciais e Aéreos Não Tripulados: Taking the Sky Streets Aviation-The Next Level, Filadélfia, EUA. É membro do comité principal do Congresso Mundial de Engenharia Automóvel, Mecânica e Industrial (WCAMIE-2019), Berlim, Alemanha. **Designado como Editor Convidado Principal do SciencePG USA para o American Journal of**
Management Science and Engineering e concebeu a edição especial "Artificial Intelligence for Future Business". Recebeu o "Prémio de Melhor Liderança" da Today- Research & Ratings. **Recebeu o Prémio de Melhor Investigador do IOSRD 2018 em Panduchary e o Prémio VDGOOD Outstanding Scientist 2019 em Bangalore, Índia**. Terminou dois livros de autoajuda intitulados "What I am is Thinking" e "Saturations" contratados para publicação na Penguin Publication, Nova Deli. É editor associativo do GPH-Journal of Business Management, Haryana, Índia. É EBM no International Journal of Current Science and Multidisciplinary Research, Índia. (Secção de Gestão e Economia), Índia. É EBM do International Journal of Advancements in Technology, LongDom Publishing, Bélgica. É OCM na Cimeira AMME-2020 no Dubai. Revisor do Oriental Journal of Computer Science and Technology (OJCST), Índia. Membro ativo da Associação Científica VDGood. Ganhou **os Prémios RULA** organizados pelo Congresso Mundial de Investigação para o **Prémio Internacional de Investigação em IA,** Trichy, T.N, e Índia. Ganhou **o prémio "Distinguished Scientist Award"** da Associação VDGood em Chennai, Índia. Tornou-se OCM e palestrante em GAVIN "2ª Conferência Internacional sobre Inteligência Artificial Avançada e Robótica" 28-29 de julho de 2020 em Berlim, Alemanha. Tornou-se OCM e orador emArtificial Intelligence, Machine Learning and Data Science, 01-02 de dezembro de 2020, Bucareste, Roménia, bem como . OCM e orador no Robotics and Computer Science World Forum", a realizar em Lisboa, Portugal, de 09 a 10 de novembro de 2020. OCM e Orador Convidado da 4ª Conferência Mundial sobre Robótica e Inteligência Artificial, 17-18 de dezembro de 2020 | Istambul, Turquia. É OCM e webinar speaker com a palestra "AI and Singularity" na 2nd International Robotics and Automation Engineering Conference 3-4 de agosto de 2020 - Paris, França. Recebeu **o Prémio Internacional ISSN** (International Society for Scientific Network) nos Prémios Científicos e de Investigação ISSN 2020 como **"Investigador Inovador em Tecnologia e Gestão"** em Madurai, Índia. Recebeu **o prémio RULA International Research Ratana** do World Research Council (WRC) e Research Under Literal Access (RULA) como **"Cientista Inovador em Inteligência Artificial"** do ano 2020. Tornou-se membro do Conselho Consultivo do ACTA Scientific Computer Sciences Journal. É membro do Comité do Programa Técnico da WiCOM 2020, Xi 'an, China. Ele é OCM em Tendências

Emergentes em Robótica e Avanços Recentes em IA em São Petersburgo, Rússia, realizada de 24 a 26 de junho de 2021. Apresentou uma palestra convidada sobre IA e Singularidade próxima e pós-impacto da COVID nos negócios e economia globais, da mesma forma. Ele é orador convidado na 3ª Conferência Mundial sobre Robótica e Inteligência Artificial, de 24 a 26 de junho de 2021, São Petersburgo, Rússia. Ele revisou mais de 135 artigos de pesquisa para vários periódicos nacionais e internacionais de renome em todo o mundo. Ele é membro do comitê de programa na 8ª conferência internacional sobre ciência computacional e engenharia (CSE-2020), 12-13 de dezembro em Dubai, Emirados Árabes Unidos. Ele é OCM e palestrante na 3ª Conferência Mundial sobre Robótica e Inteligência Artificial de 24 a 26 de junho de 2021 | São Petersburgo, Rússia. É membro do Conselho Editorial do Journal of Automobiles and Automobiles Technology, França. Foi recentemente distinguido com o **prémio "Man of Excellence Award"** no Indian Achievers Award do Indian Achievers Forum (IAF) e do Ministério da Educação e das Tecnologias da Informação, Governo da Índia. Venceu **o prémio "Investigador mais ambicioso do ano"** no âmbito do prémio de investigação dourado do Prémio ISSN 2020. Publicou recentemente o seu livro mais aguardado e promissor **"Presente e Futuro da Inteligência Artificial"** da Eliva Press, Moldávia Europa. Foi distinguido com o prémio **"Outstanding Educationist and Researcher of Business Management"** da Brand Opus India no "Education Icon Award 2020". Publicou outro livro popular "Insight of DeepMind Learning" da Eliva Press, Moldávia Europa. Nome aprovado, registado e gravado em **13** livros de recordes mundiais internacionais diferentes em todo o mundo como **"Outstanding Academician and**

Investigador internacional" com grandes volumes de trabalhos de investigação de qualidade e livros com Prémios e Reconhecimentos Internacionais em livros com **os títulos "Star Record Book of International, Emica Book of World Record, Gold Star Book of World Records, Union Book of World Records, Enormous Book of World Record, Bombay's Record Book, Kingdom of Talent World Record book, RMD Book of World Records, Imperial of Talent Record Book, Emperor Bharata Book of Records, National Star Excellence Book of Records, Bhagwati Records Book e Genuine Talent of World Records Book".** É membro do Comité do Programa Técnico (TPC) da 4ª Conferência Internacional sobre Aprendizagem Automática, Reconhecimento de Padrões e Sistemas de Inteligência, Kunming, China. O seu nome foi registado no **"Singapore Books of Records"** na categoria de **"Investigador Ativo em Inteligência Artificial"**. Recebeu **o "Prémio Rashtriya Samaj Seva Ratna 2021"** da Organização Rashtriya Samaj Seva Ratna, Bhopal, M.P, Índia. Orador convidado em GSERITA2021, 06-08 de setembro de 2021 Lisboa, Portugal. O seu nome foi registado como **"Futurista e Pensador em Inteligência Artificial"** nos dois livros de recordes mais conceituados e mais recentes **"Guinness World Record Book"** e **"Limca Book of World Records"**. Foi distinguido com o prémio **"Rosalind Member of London Journals Press [Memberships ID: #GC91050 and ID: #AA24599]".** Foi distinguido com o prestigioso prémio **"Bharat Bhushan Award 2021"**. O seu nome também foi aprovado e inscrito no **"World Book of Records London"** e no **"Singapore Book of Records"** pela sua excelência e experiência no domínio da Inteligência Artificial. É OCM na CSITA-2021, Zurique, Suíça e ICAITA-2021 Londres, Reino Unido. Recebeu **o prémio SHEN-20 Science Father Award** como **"Excelência em Inovação"** com o número de identificação 2439. Foi galardoado com o **"International Star Noble Award"** para a Paz do Gold Star Book of World Records, **o "Best Profile Forever Award- 2021"** do Emperor Book of World Records, **o "Excellence Social Worker-2021"** do Brilliance World Record Book, **o "Best Profile Forever Award"** do Emica Book of World Records e **o "International Excellence Award"** do Indigenous Success World Record Book.

Esta página foi deixada intencionalmente em branco em memória do meu
A minha falecida mãe "ShahenaazParveen" e a minha amiga "Naziya Khan"

Prefácio

Este livro não é apenas uma monografia académica, mas uma viagem rápida ao futuro da Inteligência Artificial com a minha própria modelação, visão, previsão, perspectivas e abordagens modernas. Todos os conceitos, conteúdos e modelos, tal como o livro foi escrito, foram redigidos numa linguagem muito fácil de compreender por todos os níveis de leitores, o que o deixou sem palavras depois de ler este livro. Tentei o meu melhor para criar uma Etiópia completa da Inteligência Artificial com todos os seus impactos positivos, negativos e controláveis de forma lúcida. Daí que o livro não seja apenas para engenheiros, profissionais, investigadores e designers de IA, mas também para todos os leitores em geral que estejam interessados no Presente e Futuro da Inteligência Artificial, compilado como um conjunto dos mais promissores artigos de investigação, comunicações, cartas e entrevistas sob a forma do livro "Future Artificial Intelligence Modelling". Este livro ensina-lhe conceitos muito frescos em Inteligência Artificial à medida que se move e explora página por página deste livro. Embora o tamanho do livro seja pequeno, mas o conhecimento profundo da I.A. explica de tal forma que não consegue atingir grandes volumes em I.A. Este livro também contém alguns conceitos e modelos muito novos, como as minhas próprias descobertas no domínio da I.A.I, como Inteligência Biónica, Ultra Inteligência Artificial (UAI), Anomalias Robóticas, Inteligência Dimensional, Inteligência Artificial Compatível (CAI), Inteligência Total Interna Aiónica (TIAI), Brain-Net, Violência Robótica, Espaço & Inteligência Interestelar, Nova Modelação da Aprendizagem DeepMind, Robótica Médica, Novos Modelos para Humanoides/Ciborgues, Robótica de Satélite, Inteligência Total Interplanetária, Nanorrobótica, Inteligência de Mudança Dimensional (SDI), Explicar o Negócio Futuro e a Singularidade com modelação lúcida, e Inteligência Artificial Quântica (QAI), Robótica Humanoide Virtual (VHR) também. Considerando que o livro também explica como a IoT/IoE se funde e trabalha em conjunto com a I.A.

Reconhecimento

Agradeço sinceramente a Deus Todo-Poderoso por ter dado corpo à minha alma e por ter dado identidade e sucesso à minha entidade como cientista, autor, orador, professor e investigador de sucesso e ao Universo por me manter vivo e satisfazer todas as necessidades, sonhos e desejos. Reconheço este trabalho à minha mãe, Shahenaaz Parveen, que lutou pela minha educação e pelo meu sucesso e me alcançou no auge do sucesso, mas me deixou para sempre. Agradeço este trabalho igualmente à minha mulher Safeena Shaikh, aos meus queridos filhos Md. Nameer Shaikh e Md. Shadaan Shaikh que me encorajam, têm paciência para mim enquanto trabalho, mantêm-me fresco e alegre. Também dediquei este trabalho a todos os meus professores, mentores, guias e catedráticos, desde o primeiro nível até ao doutoramento, que moldaram a minha carreira e me permitiram escrever hoje para todos vós.

PARTE I

Episódio Um: Definir a Robótica Humanoide Virtual com Modelação

Não tenho dúvidas em afirmar que os Robôs Humanoides Virtuais (RVH) são o último nível de Inteligência Artificial que mudará o cenário do mundo e das tecnologias humanas, sendo aplicável em todos os domínios da tecnologia com o fator comum de Inteligência Ultra Artificial (UAI) com capacidade de desaparecer e aparecer por qualquer meio que impulsione a nossa civilização de Tipo-0 para Tipo-1, pelo menos, e seria o primeiro passo para competir com a tecnologia dos Extraterrestres, se existir (apenas hipótese). Gostaria de definir o termo Robótica Humanoide Virtual (RVH) como **"é uma Robótica Humanoide com UAI e tem a capacidade de se transformar de Física em Virtual através de qualquer mecanismo de ativação de modo Interno (Auto-Controlo Humano) ou Externo (Controlo Humano)"**. A VHR é uma tecnologia futura que utilizará a energia do Sol (ou do Espaço), a Internet das Coisas (IoT) com RFID USN, Bigdata e mecanismos de auto-aprendizagem e cura. Agora, gostaria de gerar uma utopia futura diante dos vossos olhos com a modelação inicial do termo VHR nesta breve comunicação.

Palavras-chave: Robótica Humanoide, Cérebro Biónico, UAI, Robótica Humanoide Virtual, Teletransporte Robótico.

Modelação para VHR:

1) VHR-Modelo básico de engenharia:

No meu primeiro modelo "VHR-Engenharia Básica", descrevi a necessidade de alargar o nosso aspeto fundamental da engenharia do humanoide ao domínio da robótica do humanoide virtual. Por isso, o modelo foi dividido em duas grandes câmaras, a Câmara Humanoide e a Câmara de Virtualização, para dar capacidade virtual. Como podemos analisar a partir do modelo para a construção de um humanoide bem sucedido, precisamos de hardware robótico humanoide avançado que se ligue ao cérebro biónico, semelhante ao cérebro humano, sob a forma de UAI, que se transforma em cascata para o sistema operativo humanoide avançado e interfaces de comunicação. Após a engenharia bem sucedida do primeiro segmento, o humanoide físico bem sucedido pode ser construído, mas para o nível seguinte, ou seja, para converter o humanoide físico em virtual e de volta do virtual para o físico, não precisamos de modificar o hardware, mas precisamos fortemente de dar extensão ao existente. Por conseguinte, a câmara de virtualização apresenta este aspeto no modelo. A câmara de virtualização tem dois blocos funcionais para a engenharia de unidades avançadas de transferência de modo físico para virtual e engenharia de interfaces de luz/projeção/ótica/teletransporte.

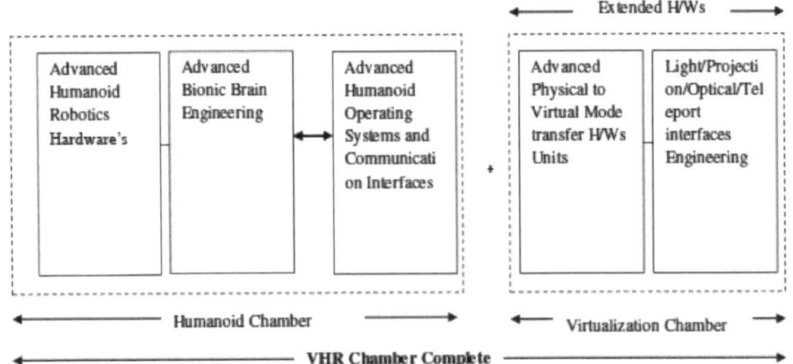

Fonte: Prof. Md. Sadique Shaikh

2) Modos físico-para-virtual Modelo de switch:

O meu segundo modelo "Physical-to-Virtual Mode Switch" é um dos modelos essenciais de engenharia VHR, ou seja, uma expansão e discussão detalhada sobre a segunda parte da Câmara de

Virtualização do meu primeiro modelo. Na sua representação lúcida e clara do conceito no diagrama do modelo, considerei três modos possíveis diferentes, nomeadamente M1, M2 e M3, que podem aumentar no futuro com o avanço tecnológico e novos métodos de virtualização. O modo M1 tem a prioridade mais elevada para implementar o VHR , em que o próprio hardware humanoide tem a capacidade de aparecer e desaparecer com autocontrolo (controlo interno), o que, neste momento, é apenas uma hipótese. O segundo modo M2 tem como possível e segunda prioridade o teletransporte e muita investigação está a ser feita neste modo M2 por várias universidades e instituições de topo. O último modo M3 é o mais fácil, mas não satisfatório, em que o engenheiro de virtualização utiliza a realidade virtual e aumentada.

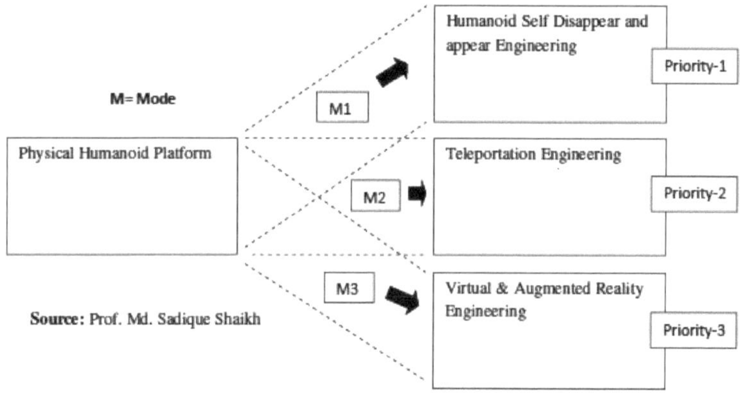

Fonte: Prof. Md. Sadique Shaikh

Conclusão:

Discuti dois modelos e, com a ajuda deles, tentei aprender uma das tecnologias futuras mais promissoras e que vão mudar o mundo: a "Robótica Humanoide Virtual", em que o humanoide não só parece ser como um ser humano num futuro próximo, mas também terá a capacidade de se transformar num Avatar. Isto seria muito útil para enviar o humanoide virtualmente para o espaço profundo, para as estrelas e planetas para compreender o universo de perto com teletransporte ou mecanismo humanoide interno. O VHR é também o último nível de IA, pelo que poderá mudar a raça humana no planeta Terra da civilização Tipo 0 para a civilização Tipo 1, tal como é mostrado nos filmes de ficção científica.

Agradecimentos

Gostaria de agradecer este trabalho à minha querida esposa Safeena Khan, aos meus anjos Md. Nameer Shaikh, Md. Shadaan Shaikh e ao meu grande amigo TanveerSayyed.

Referências

1) Md. Sadique Shaikh, "Analysis and modeling of Strong A.I to engineer BIONIC brain for humanoid robotics application" in American Journal of Embedded System and Applications, Published by Science Publishing Group, October 2013, vol.1, No.2, doi:10.11648/ajesa.20130102.11, New York, America (U.S.A)(paper available at URL:www.sciencepublishinggroup.com/j/ajesa)

2) Md. Sadique Shaikh, "Inteligência Ultra Artificial (UAI): Redefinindo AI fir New Research Dimension" em Advanced Robotics & Automation (ARA), OMICS International, Londres, abril de 2017, Pgs.1-3, ISSN No: 2168-9695, Vol. 6, Issue. 2, DOI: 10.4172/21689695.100063. (Artigo disponível online em URL: www.omicsonline.com

3) Md. Sadique Shaikh, "Engenharia Fundamental para Interface Cérebro-Computador (BCI): Initiative for Neuron-Command Operating Devices" em Biologia Computacional e Bioinformática (CBB), SciencePG, EUA, novembro de 2017, Pgs. 50-56, Vol. 5, No. 4, DOI: 10.11648/j.cbb.201770504.12, (Paper disponível online em URL: www.sciencepublishinggroup/j/cbb)

4) Md. Sadique Shaikh, Definição da implementação da inteligência ultra-artificial (UAI) utilizando a engenharia do cérebro biónico (semelhante à eletrónica biológica). *MOJ App Bio Biomech.* 2018;2(2):127-128. DOI: 10.15406/mojabb.2018.02.00054

5) MdSadiqueShaikh. Insight Artificial to Cyborg Intelligence Modeling. Arch IndEngg: 1(1): 1- 5.

6) "Engenharia de Inteligência Artificial para Implementação da Tecnologia Cyborg" inRobotics & Automation Engineering Journal , Robot AutomEng J. 2018; 3(1): 555604, U.S.A (Artigo disponível em **https://junrperpublishers.com/)**

7) "Insight de Engenharia para Emoções e Violência de Robótica Humanoide com Referência ao "Erro do Sistema 1378" em Robot AutomEng J 3(2): RAEJ.MS.ID.5555610 (2018), USA

8) "Definindo Inteligência Ciborgue para Domínios Médicos e Super-Humanos" em Tendências em Pesquisa Técnica e Científica, Volume 2 Edição 3 - julho de 2018, Tendências Tech Sci Res. 2018; 2 (3): 555588. Pgs. 001-002 (Disponível em https://juniperpublishers.com/)

9) "Engenharia de inteligência artificial ultra (UAI) para controlo da violência robótica, deteção e medidas corretivas" in International Robotics & Automation Journal, Int Rob Auto J. 2018; 4(4):242-243, DOI: 10.15406/iratj.2018.04.00129, (Disponível em http://medcraveonline.com)

10) Md. Sadique S, Shabeena K. Apresentando a modelagem de aprendizado do DeepMind. Adv Rob MecEng 1(1)2018. ARME.MS.ID.000101. (Disponível em www.lupinepublishers.us)

Episódio 2: Definir a inteligência dos ciborgues para fins médicos e de super-heróis

Domínios humanos

Primeiro, o que é um Cyborg? É um organismo que possui partes orgânicas ("naturais" feitas pelo Homem) e cibernéticas ("máquinas" electromecânicas artificiais e feitas pelo Homem) concebidas, implementadas e colocadas em cascata no corpo humano para assistência médica biológica ou para alterar as potencialidades, capacidades e inteligência humanas normais para níveis de super ou ultra potência. Por outras palavras, quando as pessoas se tornam ciborgues, são parte humanas e parte máquinas. O diagrama que se segue mostra-o em pormenor

Inteligência ciborgue	
Domínio médico	**Domínio Super Power**
Prestar assistência e permitir desativar uma parte neutra do corpo com Peças Cybermatic.	Para reforçar uma parte fraca ou normal com Cybermatic para super-força não possível com partes naturais do corpo

Fonte: Prof. Md. Sadique Shaikh

No modelo acima, dividi a inteligência ciborgue em dois domínios: o domínio médico e o domínio dos superpoderes. No primeiro domínio, os órgãos cibernéticos são necessários, mas o segundo domínio é completamente desejado pela humanidade para dar capacidades excepcionais ao corpo e à mente. No domínio médico, atualmente, a conceção e a engenharia estão em curso para dar o próximo nível avançado aos membros artificiais, articulações, coluna vertebral, pernas, dedos, mãos, braços, etc., quer para substituir os órgãos naturais incapacitados, quer para apoiar os órgãos fracos do corpo humano. No segundo domínio de superpotência, o desejo da humanidade é converter os seus órgãos naturais em órgãos com poder, visão, inteligência e movimentos extraordinários, implementando a cibernética orgânica, como um terceiro olho eletrónico na parte de trás da cabeça para uma capacidade adicional de visão para trás, juntamente com a capacidade natural e normal de pernas artificiais para a frente e para trás, e interfaces cérebro-computador (BCI) para uma inteligência ultra elevada, acoplando a inteligência natural (NI God made) com a inteligência artificial (AI Man made), etc. Para uma implementação bem sucedida da tecnologia Cyborg, é necessária uma engenharia biónica sofisticada e precisa. Podemos definir o termo biónico como "a utilidade dos métodos, funções, procedimentos e sistemas biológicos para fazer interface ou imitar eletronicamente". O termo Biónica foi cunhado por Jack E. Steele em 1958. É um campo muito vasto para realizar uma boa investigação sobre a biónica e a interface de dispositivos biónicos para o melhoramento da robótica médica. Para a engenharia de sistemas biónicos, é necessário um excelente equilíbrio entre sistemas biológicos e electrónicos, que pode ser obtido através da ligação de esquemas neurais artificiais a esquemas neurais biológicos. De acordo com a minha forte área de investigação em "Cérebro Biónico" desde os últimos sete anos, devo dizer que este é o único domínio da robótica que diz respeito diretamente à melhoria da medicina. Com o trabalho sobre "Dispositivos Operacionais de Comando de Neurónios", onde foram vistas várias referências excelentes que podem ser utilizadas por jovens investigadores para rever e retomar a sua investigação neste domínio. Utilizando o NCOD, várias partes artificiais podem ser sincronizadas com partes biológicas e trabalhar de forma coordenada para o correto funcionamento do corpo, gestos, posturas, movimentos e interpretação. Com esta facilidade, não só se pode substituir uma parte, mas também implementar partes adicionais para dar ao ser humano facilidades de ultra inteligência, como olhos biónicos, ouvidos e módulos cerebrais artificiais adicionais. O ciborgue "organismo cibernético" é um ser dotado de partes do corpo orgânicas e biomecatrónicas, com as quais o ser humano pode aumentar o seu poder em todos os meios e o seu ramo de estudo é a "ciborgologia".

Conclusão:

Com a ajuda desta breve comunicação, tentei compreender quais os parâmetros e passos de engenharia que são importantes e onde é necessário alterar a engenharia de IA de rotina para a implementação da tecnologia Cyborg nos domínios da medicina e da superpotência, discutindo-os.

Agradecimentos:

Estou muito grato à minha mulher Safeena Shaikh pelo seu apoio moral, ao meu filho Md. Nameer Shaikh pelo seu amor que me mantém fresco com novas ideias e à minha amiga íntima TanvirSayyed pelo seu apoio positivo comigo e ao meu motivador Dr. B.N.Gupta pelo seu apoio constante.

Referências:

1. Acordo NSF/CE sobre Cooperação em Tecnologias da Informação - Workshops de Investigação Estratégica IST-1999-12077

2. Md. Sadique Shaikh, "Analysis and modeling of Strong A.I to engineer BIONIC brain for humanoid robotics application" in American Journal of Embedded System and Applications, Published by Science Publishing Group, October 2013, vol.1, No.2, doi:10.11648/ajesa.20130102.11, New York, America (U.S.A)(paper available at URL:www.sciencepublishinggroup.com/j/ajesa)

3. Md. Sadique Shaikh, "Inteligência Ultra Artificial (UAI): Redefinindo AI fir New Research Dimension" em Advanced Robotics & Automation (ARA), OMICS International, Londres, abril de 2017, Pgs.1-3, ISSN No: 2168-9695, Vol. 6, Issue. 2, DOI: 10.4172/21689695.100063. (Artigo disponível online em URL: www.omicsonline.com

4. Md. Sadique Shaikh, "Engenharia Fundamental para Interface Cérebro-Computador (BCI): Initiative for Neuron-Command Operating Devices" em Biologia Computacional e Bioinformática (CBB), SciencePG, EUA, novembro de 2017, Pgs. 50-56, Vol. 5, No. 4, DOI: 10.11648/j.cbb.201770504.12, (Paper disponível online em URL: www.sciencepublishinggroup/j/cbb)

5. Md. Sadique Shaikh, Definição da implementação da inteligência ultra-artificial (UAI) utilizando a engenharia do cérebro biónico (semelhante à eletrónica biológica). *MOJ App Bio Biomech.* 2018;2(2):127-128. DOI: 10.15406/mojabb.2018.02.00054

Terceiro Episódio: Fundamentos de Engenharia para Robótica Médica

Resumo

A robótica médica tornou-se um domínio médico muito avançado que facilita operações e cirurgias longas e complicadas, proporcionando conforto e alívio rápido ao corpo humano. Atualmente, a robótica médica não se limita apenas a operações e cirurgias, mas também se tornou muito útil em transplantes de órgãos e na implementação de ciborgues no/com o corpo humano para permitir a utilização de partes do corpo com deficiência ou para dar superpoderes ao corpo normal. Esta comunicação aborda alguns termos-chave da robótica médica, como biónico, ciborgue, etc., e aborda também dois modelos designados "Modelo de Engenharia Biónica e Modelo Essencial de Engenharia de Robótica Médica".

Palavras-chave: Robótica médica, ciborgue, biónica, NCOD

1. Robótica médica:

A robótica médica inclui uma série de dispositivos utilizados para cirurgia, formação médica, terapia de reabilitação, próteses e assistência a pessoas com deficiência.

2. Biónico:

BIONICS é um termo comum para designar a tecnologia da informação de inspiração biológica, incluindo normalmente três tipos de sistemas, nomeadamente

- dispositivos electrónicos/ópticos bio-mórficos (egneuromórficos) e bio-inspirados,
- próteses artificiais autónomas com sensor-processador-ativador e dispositivos diversos incorporados no corpo humano, e
- simbioses interactivas vivo-artificiais, por exemplo, dispositivos ou robôs controlados pelo cérebro.

Apesar de alguma utilização restritiva do termo "biónica" na cultura popular, bem como das promessas não cumpridas nos domínios das redes neuronais, da inteligência artificial, da computação suave e de outras áreas "sobrevendidas", foi acordado que o nome *biónica*, tal como definido supra, é o correto para a tecnologia emergente também descrita como tecnologia da informação de inspiração biológica (algumas pessoas sugerem *info-biónica*). Existem numerosos programas em várias agências de financiamento que estão a apoiar partes deste domínio sob vários outros nomes [1,5].

3. Modelo de engenharia biónica:

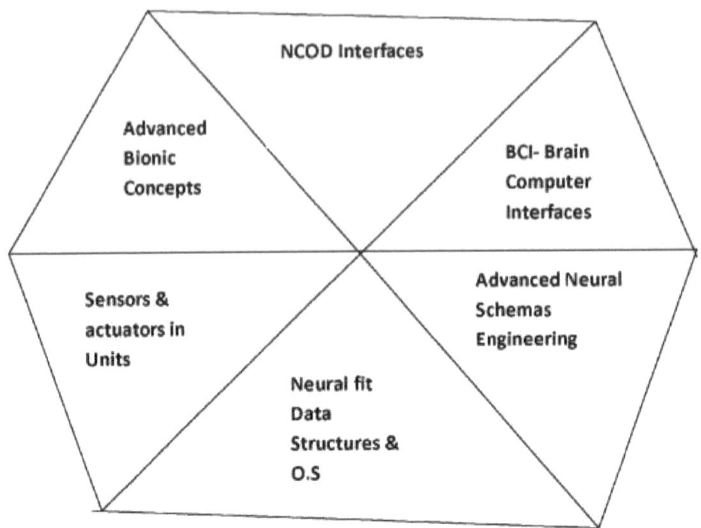

Source: Prof. Md. Sadique Shaikh

Fig-1 : Modelo de engenharia biónica

Na minha comunicação, gostaria de ensinar duas coisas: em primeiro lugar, o que é a biónica e como abre vários novos caminhos em o campo da robótica médica e, em seguida, quais são os elementos essenciais da engenharia de robôs médicos, apresentando dois modelos. O meu primeiro modelo é o modelo de engenharia biónica dividido em seis critérios de engenharia: conceitos biónicos avançados, interfaces NCOD, interfaces BCI, engenharia de esquemas neurais avançados, estruturas de dados de adaptação neural e O.S e sensores e actuadores com suportes corporais. O primeiro domínio baseia-se na biologia genérica do cérebro, no estudo da inteligência natural (I.N.) e na forma de a converter em artificial utilizando a teoria da neurociência. O segundo segmento centra-se na forma de conceber dispositivos operacionais de comando de neurónios (NCOD) com comunicação de iões-electrões de/para o corpo de/para a robótica médica, peças ciborgues e biónicas. O terceiro critério diz respeito à forma de interligar todas as montagens médicas automáticas e robôs cirúrgicos com controlo exato, precisão, coordenadas, movimentos, tempo, pressão e outros parâmetros de controlo com a coordenação do cérebro humano e do computador (cérebro eletrónico). O próximo pressuposto da engenharia é como conceber e desenvolver esquemas neurais eficazes e eficientes. Para os esquemas neurais, precisamos também de estruturas de dados mapeadas por esquemas e de um sistema operativo para gerir todo o processo médico utilizando estruturas de dados biónicas e mais adequadas. Para comandar e controlar todos os sensores de entrada, transdutores, sondas e actuadores de saída, motores e diafragmas, é necessário conceber de acordo com a NCOD.

4. Fundamentos de Engenharia de Robótica Médica:

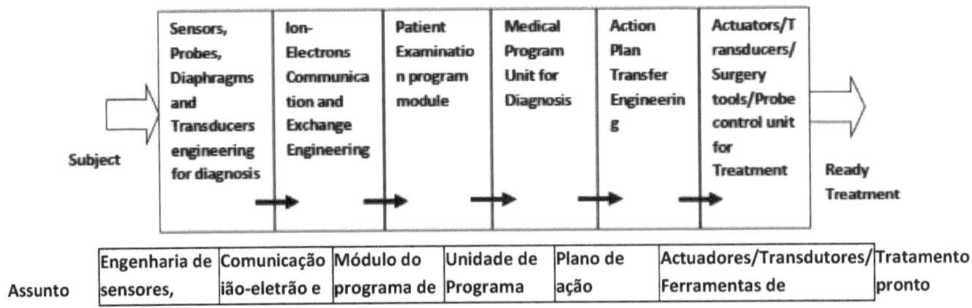

sondas, diafragmas e transdutores para diagnóstico	Engenharia de Intercâmbio	exame do paciente	Médico para Diagnóstico	Transferir engenharia	cirurgia/Unidade de controlo de sondas para tratamento

Fonte: Prof. Md. Sadique Shaikh

Fig-2 : Modelo essencial da engenharia médica

Este é o segundo modelo importante, designado por modelo de Engenharia de Robótica Médica. O objetivo subjacente à construção deste modelo não é ensinar-lhe robótica médica com complicações, mas mostrar-lhe como, de uma forma simples, pode planear a engenharia de sistemas de robótica médica complicados de uma forma muito fácil. Este modelo consiste em 6 segmentos. O segmento 1 trata da engenharia de sensores, sondas, diafragmas e transdutores para diagnóstico e trabalha rigorosamente na sua conceção e desenvolvimento. A segunda câmara trata da engenharia de comunicação e troca de iões-electrões, em que o engenheiro tem de pensar muito seriamente na forma como a bioelectrónica

Construção de interfaces para comando e sinalização adequados. O terceiro segmento é o programa de exame do paciente e a engenharia séria aqui para detetar doenças e também o diagnóstico médico. A unidade de programa médico para o diagnóstico pode ser utilizada para conceber e programar tratamentos alternativos. Após a deteção da doença, a estratégia para o tratamento médico utilizando robôs médicos é concebida e desenvolvida na engenharia de transferência do plano de ação. Por fim, no momento do tratamento médico, vários sensores, actuadores, sondas, instrumentos cirúrgicos e transdutores trabalham em conjunto, pelo que é necessária uma engenharia precisa na fase seis.

Conclusão:

Devo dizer que a robótica médica é um assunto muito importante a tentar e tem muitas oportunidades de investigação que não são apenas em termos de avanço, mas também em termos de bem-estar humano. Discuti dois modelos, um para o domínio biónico e outro para a forma como a robótica médica pode ser concebida e implementada. No domínio , os fortes candidatos à investigação são também o "Cyborg" e o "Bionic", juntamente com a investigação regular, que abre vários novos caminhos.

Agradecimentos:

Estou muito grato à minha mulher Safeena Shaikh pelo seu apoio moral, ao meu filho Md. Nameer Shaikh pelo seu amor que me mantém fresco com novas ideias e à minha amiga íntima TanvirSayyed pelo seu apoio positivo e ao meu motivador Dr. B.N.Gupta.

Referências:

1. Acordo NSF/CE sobre Cooperação em Tecnologias da Informação - Workshops de Investigação Estratégica IST-1999-12077

2. Md. Sadique Shaikh, "Analysis and modeling of Strong A.I to engineer BIONIC brain for humanoid robotics application" in American Journal of Embedded System and Applications, Published by Science Publishing Group, October 2013, vol.1, No.2, doi:10.11648/ajesa.20130102.11, New York, America (U.S.A)(paper available at URL:www.sciencepublishinggroup.com/j/ajesa)

3. Md. Sadique Shaikh, "Inteligência Ultra Artificial (UAI): Redefinindo AI fir New Research Dimension" em Advanced Robotics & Automation (ARA), OMICS International, Londres, abril de 2017, Pgs.1-3, ISSN No: 2168-9695, Vol. 6, Issue. 2, DOI: 10.4172/21689695.100063. (Artigo disponível online em URL: www.omicsonline.com

4. Md. Sadique Shaikh, "Engenharia Fundamental para Interface Cérebro-Computador (BCI): Initiative for Neuron-Command Operating Devices" em Biologia Computacional e Bioinformática (CBB), SciencePG, EUA, novembro de 2017, Pgs. 50-56, Vol. 5, No. 4, DOI: 10.11648/j.cbb.201770504.12, (Paper disponível online em URL: www.sciencepublishinggroup/j/cbb)

5. Md. Sadique Shaikh, Definição da implementação da inteligência ultra-artificial (UAI) utilizando a engenharia do cérebro biónico (semelhante à eletrónica biológica). *MOJ App Bio Biomech.* 2018;2(2):127-128. DOI: 10.15406/mojabb.2018.02.00054

Episódio 4: Insight Artificial to Cyborg Intelligence Modeling

Resumo: Hoje em dia, a Inteligência Artificial desempenha um papel vital na mudança do quotidiano e facilita a automatização da vida humana, mas mais do que isso é a Inteligência Ciborgue, em que, em vez de máquinas, a própria humanidade pode ser capaz de se tornar extremamente poderosa, implementando e interligando partes artificiais/biónicas com os seus órgãos biológicos e trabalhando em conjunto. Por isso, na minha breve comunicação, mostrei como se pode avançar para a inteligência ciborgue a partir da inteligência artificial e quais são os pontos comuns e os diferentes para definir as competências de engenharia nesse domínio.

Palavras-chave: Inteligência Artificial, Humanoide, Biónico, Ciborgue, Inteligência Ciborgue.

1. Introdução:

À medida que os seres humanos vivem mais tempo, há uma necessidade crescente de disponibilidade de órgãos para transplante, no entanto, a escassez de doações obriga ao desenvolvimento de alternativas artificiais com IA, frequentemente designadas por "biónicas". Os avanços na medicina levaram à disponibilidade de sangue artificial, articulações de substituição, válvulas cardíacas e máquinas coração-pulmão que são normalmente implantadas utilizando IA para órgãos biónicos. Um dos objectivos primários e utilitários da investigação em inteligência artificial é desenvolver máquinas com inteligência semelhante à humana. Desde o início da IA como área de estudo, registaram-se grandes progressos. Um dos paradigmas dominantes da investigação em IA tem-se baseado no pressuposto de que vários aspectos da inteligência humana podem ser descritos e compreendidos suficientemente bem para poderem ser simulados por programas de computador através de estruturas de representação inteligentes e mecanismos de raciocínio genéricos. Atualmente, os seres biológicos e os sistemas informáticos partilham alguns fundamentos físicos comuns. A comunicação, tanto nos sistemas nervosos biológicos como nos sistemas informáticos, por exemplo, depende de sinais eléctricos. No entanto, o fosso que separa estas duas classes de sistemas muito diferentes é óbvio e é colmatado pela "Inteligência Ciborgue".

Uma vez que os investigadores e os profissionais confundem entre Biónica/AI e Ciborgue, permitam-me que esclareça a questão na minha última tentativa. Como já referi, a biónica consiste em funções biológicas, métodos, sistemas e procedimentos que imitam eletronicamente a interface entre neurónios, mas o ciborgue é outra possibilidade nos domínios da robótica médica. O ciborgue "organismo cibernético" é um ser dotado de partes do corpo orgânicas e biomecatrónicas, com as quais o ser humano pode aumentar o seu poder em todos os meios e o seu ramo de estudo é a "ciborgologia".

2. Modelação:

2.1. Modelo de turno de engenharia:

Este é o meu primeiro modelo interessante denominado "Modelo de Mudança de Engenharia" e, com a ajuda deste modelo, gostaria de discutir a forma como as questões de engenharia da Inteligência Ciborgue (I.C.) são diferentes das da Inteligência Artificial (IA). Neste modelo, apresento duas geometrias: um retângulo com os quatro cantos de engenharia A1, A2, A3 e A4 que representam a engenharia de IA e um diamante no interior do retângulo com quatro quadrantes B1, B2, B3 e B4 que representam a engenharia de IC. Este modelo não só mostra os problemas, mas também a forma como os requisitos de engenharia com o mapeamento mudam de IA para IC com linhas de seta A1-para-B1, A2-para-B2, A3-para-B3 e A4-para-B4 de forma equivalente. Em A1, o estudo da neurociência é necessário para imitar eletronicamente a IA, mas em B1, juntamente com a neurociência, é necessário estudar a biologia e a anatomia humanas completas para o desenvolvimento e a aplicação adequados da inteligência ciborgue. Em B2, a engenharia tem de conceber interfaces para estabelecer a comunicação eletrónica com a eletrónica, mas em B2 há uma mudança de paradigma e é necessário conceber interfaces para estabelecer a comunicação eletrónica com a biológica e vice-versa entre os órgãos biológicos e as partes electrónicas com troca de iões e electrões. Na A3, a engenharia de controlo e processamento tem de ser concebida para controlar eletronicamente a IA em geral, mas na

B3 a situação é diferente e é necessário recorrer à engenharia de controlo e processamento para a IA controlada pela NI. Isto acontece devido ao facto de a relação Mestre-Salva da engenharia em A4 ter mudado em B4. Na A4, a própria IA é a inteligência mestra, mas na B4 a inteligência artificial entra em cascata com a inteligência natural (cérebro biológico), pelo que a NI se torna a inteligência mestra e a IA se torna a inteligência escrava nas questões de engenharia da implementação da tecnologia ciborgue.

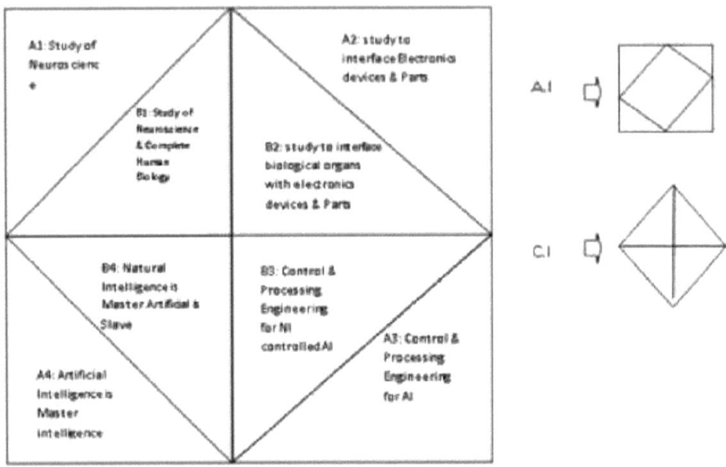

Source: Prof. Md. Sadique Shaikh

Figura 1: Modelo de mudança de engenharia

2.2. Modelo de engenharia paralela:

Este é o meu segundo modelo, designado por "Modelo de Engenharia Paralela", quando ocorre a fusão da engenharia de IA e de IC. Como se pode ver no modelo, existem duas vias paralelas com quatro níveis: Lado superior para a engenharia de IA com L1, L2, L3 e L4 e lado inferior para a engenharia de IC com L1', L2', L3' e L4', respetivamente. Na L1, a engenharia de processamento de imagem é considerada e ligeiramente alterada no caso da IC na L1', uma vez que o processamento de imagem e a engenharia de sincronização biológica são necessários. Na L2, a análise, a conceção e o desenvolvimento do processamento da linguagem natural são as questões que são alargadas, uma vez que a PNL com o processamento da linguagem artificial (PLA) tem de ser codificada e descodificada pelo cérebro biológico, não só do ser humano para o computador, mas também do computador para o ser humano. Na engenharia L3, o essencial é a conceção de interfaces electrónicas e, simultaneamente, na L3, a conceção de interfaces biológicas e electrónicas para o comando e a sinalização de iões-electrões para a comunicação. No último nível, L4, na IA, é necessário conceber dispositivos de comando eletrónico, mas na IC, L4, é necessário conceber dispositivos de comando de neurónios (ver o meu artigo ref.5).

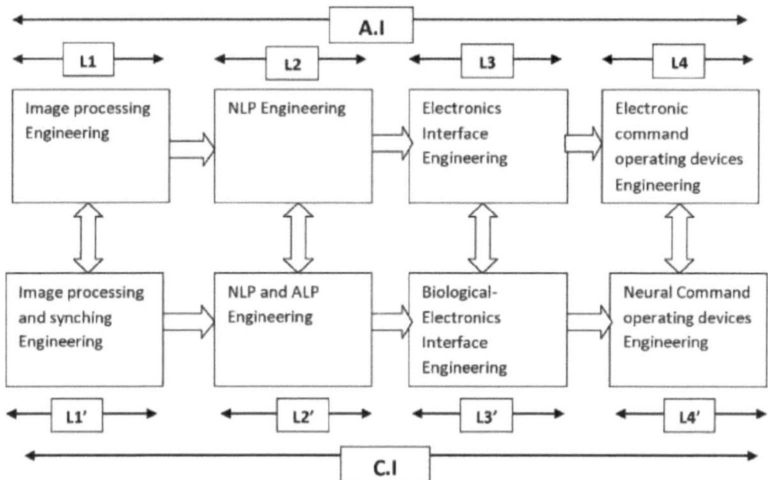

Fonte: Prof. Md. Sadique Shaikh

Figura 2: Modelo de Engenharia Paralela

3. Conclusão:

Na presente comunicação, discuti, com a ajuda de dois modelos, a forma como a modelação e a engenharia mudam e a diferença entre Inteligência Artificial e Inteligência Ciborgue, discutindo o modelo de mudança de engenharia e o modelo de engenharia paralela de fusão para obter informações. No futuro, a inteligência ciborgue tem um alcance enorme e ainda há muitos factos e números a recolher e a desenvolver no terreno. A IC, no futuro, permitirá que a humanidade sobreviva e viva no espaço e viaje para diferentes planetas, como mostram os filmes de Hollywood, mas ainda precisa de muita investigação no domínio da IC.

4. Agradecimentos:

Estou muito grato à minha mulher Safeena Shaikh pelo seu apoio moral, ao meu filho Md. Nameer Shaikh pelo seu amor que me mantém fresco com novas ideias e à minha amiga íntima TanvirSayyed pelo seu apoio positivo e ao meu motivador Dr. B.N.Gupta pelo seu apoio constante.

Referências:

1. Acordo NSF/CE sobre Cooperação em Tecnologias da Informação - Workshops de Investigação Estratégica IST-1999-12077
2. Md. Sadique Shaikh, "Analysis and modeling of Strong A.I to engineer BIONIC brain for humanoid robotics application" in American Journal of Embedded System and Applications, Published by Science Publishing Group, October 2013, vol.1, No.2, doi:10.11648/ajesa.20130102.11, New York, America (U.S.A)(paper available at URL:www.sciencepublishinggroup.com/j/ajesa)
3. Md. Sadique Shaikh, "Inteligência Ultra Artificial (UAI): Redefinindo AI fir New Research Dimension" em Advanced Robotics & Automation (ARA), OMICS International, Londres, abril de 2017, Pgs.1-3, ISSN No: 2168-9695, Vol. 6, Issue. 2, DOI: 10.4172/21689695.100063. (Artigo disponível online em URL: www.omicsonline.com
4. Md. Sadique Shaikh, "Engenharia Fundamental para Interface Cérebro-Computador (BCI): Initiative for Neuron-Command Operating Devices" em Biologia Computacional e Bioinformática (CBB), SciencePG, EUA, novembro de 2017, Pgs. 50-56, Vol. 5, No. 4, DOI: 10.11648/j.cbb.201770504.12, (Paper disponível online em URL: www.sciencepublishinggroup/j/cbb)
5. Md. Sadique Shaikh, Definição da implementação da inteligência ultra-artificial (UAI) utilizando

a engenharia do cérebro biónico (semelhante à eletrónica biológica). *MOJ App Bio Biomech.* 2018;2(2):127-128. DOI: 10.15406/mojabb.2018.02.00054
6. www.cs.cmu.edu/~tanja/BCI/BCIreview.pdf
7. www.eng.ucy.ac.cy/cpitris/courses/ECE370/presentations/English/08. BCIs PT.pdf

Quinto episódio: Apresentando a modelagem de aprendizado do DeepMind

Resumo

Desde 2010, os investigadores e engenheiros da Google e da Uber estão envolvidos no projeto DeepMind com a empresa registada no Reino Unido e nos EUA DeepMind. A Google recorreu à "aprendizagem por reforço profundo" para implementar a tecnologia DeepMind. Podemos ver os resultados da aprendizagem DeepMind com exemplos vivos do Google Assistance, Google Echo-Smart Speaker e Google home assistance, Google AI-God e AI Church, Amazon Alexa, Amazon echo, Apple Siri. A Google é um dos principais intervenientes na tecnologia de aprendizagem DeepMind, mas, depois da Google, a Amazon e a Apple também são dois dos principais intervenientes. Esta tecnologia traz a próxima onda no futuro, por volta de 2029, mas também estraga a ética humana quando a IA se torna mais do que a inteligência humana. Esta breve comunicação abordou aspectos fundamentais relacionados com a conceção e a engenharia da DeepMind com a ajuda de um modelo.

Palavras-chave: DeepMind, Super-AI, Ultra-AI, Cérebro Biónico.

Introdução

A aprendizagem DeepMind é a mudança tecnológica mais do que a IA, porque a IA é uma inteligência pré-programada, ao passo que a tecnologia DeepMind aprende e programa-se a si própria através de experiências adquiridas no ambiente e actualiza os seus conhecimentos como o cérebro humano com mais rapidez do que o cérebro humano. O cérebro biónico e o humanoide são exemplos notáveis e inovadores. Este documento mostra o modelo lúcido que ajuda os novos participantes no domínio da aprendizagem DeepMind e DeepMind. Na aprendizagem DeepMind, utiliza-se tecnicamente a aprendizagem profunda numa rede neural convolucional.

Modelação

Modelo de engenharia de aprendizagem DeepMind (DLEM) A figura abaixo apresenta o DLEM com uma discussão mais aprofundada de todos os seus níveis. Este modelo foi segmentado em duas partes com igual importância como módulo essencial de Software e módulo essencial de Hardware com segmentação adicional em três partes de cada um. Ambos os módulos e os seus sub-módulos têm muita profundidade para a engenharia do DeepMind. Não estou a mostrar aqui os aspectos técnicos em pormenor, mas gostaria de mostrar a direção da engenharia com o DLEM.

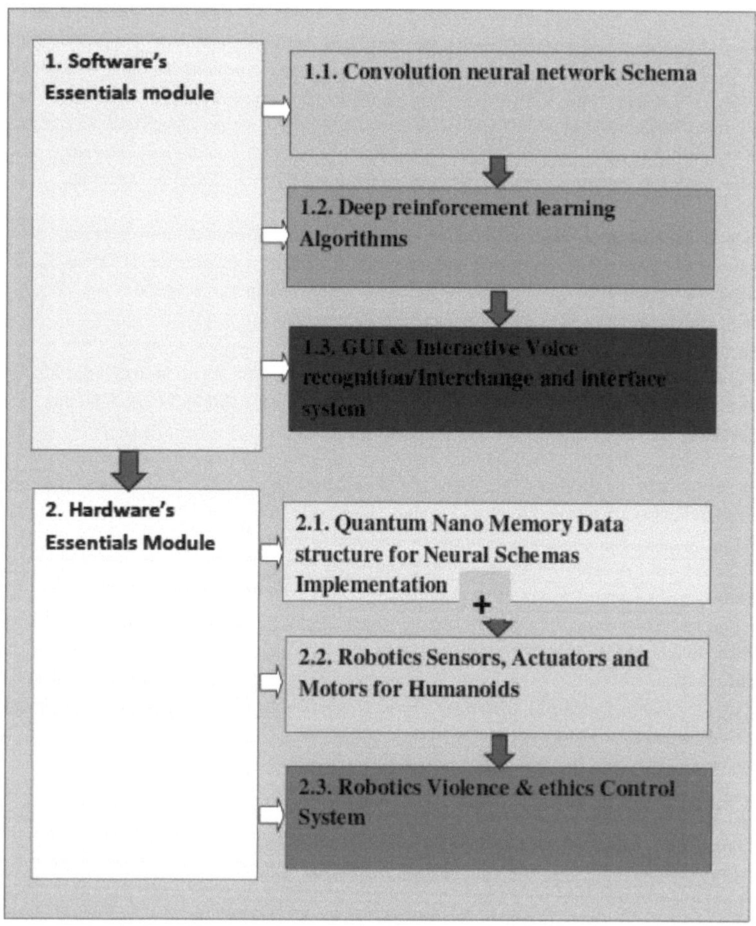

O modelo acima mostra claramente que ambos os módulos têm de ser concebidos individualmente, mas têm de ser totalmente interactivos e adequados uns aos outros para mostrar uma inteligência semelhante à humana ou mais do que isso, com um avatar e uma aparência adequados. O módulo essencial de software tem três domínios de engenharia importantes: esquema de rede neural de convolução, algoritmos de aprendizagem por reforço profundo, GUI e sistema interativo de reconhecimento/intercâmbio de voz e interface e o módulo essencial de hardware tem uma estrutura de dados de nanomemória quântica para a implementação de esquemas neurais, sensores robóticos, actuadores e motores para humanóides, violência robótica e sistema de controlo ético. No módulo "Software", os esquemas neurais de convolução têm de ser concebidos para serem capazes de se autoprogramarem e aprenderem, e os algoritmos de aprendizagem profunda têm de ser concebidos para se adaptarem aos esquemas neurais do sistema de auto-aprendizagem, utilizando uma interface gráfica semelhante à dos seres humanos, o reconhecimento de voz, a interação e o intercâmbio de comandos de voz e de respostas de voz possíveis de/para os robôs DeepMind. A segunda necessidade importante de modelização é o módulo essencial de hardware, em que a estrutura de dados de nanomemória quântica é concebida e fabricada para a implementação de esquemas neuronais com uma velocidade de processamento ultraelevada, ou seja, podemos dizer que a DeepMind e os esquemas neuronais nela contidos a tornam viva com super ou ultra IA, podemos dizer cérebro biónico. A fase seguinte da engenharia é a engenharia de sensores, actuadores e motores de precisão para movimentos semelhantes aos do ser humano e para o seu aspeto humanoide. A última fase de engenharia é o aspeto mais importante, pois eu mencionei que o Google desenvolveu AI-God e Church, que crenças naturais voláteis do ser humano e um dia pode ser DeepMind AI como este fez sua própria religião e ética de IA, o que seria prejudicial para a humanidade, portanto, precisa de violência robótica e sistema de controle de ética para salvar humanos da violência robótica.

Conclusão

Na comunicação anterior, falei sobre a DeepMind, os seus conceitos com exemplos actuais e, utilizando o modelo DLEM, expliquei como é possível realizar a engenharia da DeepMind. Discuti dois aspectos importantes da engenharia com uma maior expansão e também me concentrei na importância da violência robótica e do sistema de controlo ético.

Agradecimentos

Gostaria de agradecer este trabalho à minha querida esposa Safeena Khan, ao meu anjo Md. Nameer Shaikh e ao meu amigo íntimo TanveerSayyed, bem como ao nosso Diretor Dr. B.N. Gupta.

Referências

1) Md. Sadique Shaikh, "Analysis and modeling of Strong A.I to engineer BIONIC brain for humanoid robotics application" in American Journal of Embedded System and Applications, Published by Science Publishing Group, October 2013, vol.1, No.2, doi:10.11648/ajesa.20130102.11, New York, America (U.S.A)(paper available at URL:www.sciencepublishinggroup.com/j/ajesa)

2) Md. Sadique Shaikh, "Inteligência Ultra Artificial (UAI): Redefinindo AI fir New Research Dimension" em Advanced Robotics & Automation (ARA), OMICS International, Londres, abril de 2017, Pgs.1-3, ISSN No: 2168-9695, Vol. 6, Issue. 2, DOI: 10.4172/21689695.100063. (Artigo disponível online em URL: www.omicsonline.com

3) Md. Sadique Shaikh, "Engenharia Fundamental para Interface Cérebro-Computador (BCI): Initiative for Neuron-Command Operating Devices" em Biologia Computacional e Bioinformática (CBB), SciencePG, EUA, novembro de 2017, Pgs. 50-56, Vol. 5, No. 4, DOI: 10.11648/j.cbb.201770504.12, (Paper disponível online em URL: www.sciencepublishinggroup/j/cbb)

4) Md. Sadique Shaikh, Definir a implementação da inteligência ultra-artificial (UAI) utilizando a engenharia do cérebro biónico (semelhante à eletrónica biológica). *MOJ App Bio Biomech.* 2018;2(2):127-128. DOI: 10.15406/mojabb.2018.02.00054

5) Md Sadique Shaikh. Insight Artificial to Cyborg Intelligence Modeling. Arch IndEngg: 1(1): 1- 5.

6) "Engenharia de Inteligência Artificial para Implementação da Tecnologia Cyborg" inRobotics & Automation Engineering Journal , Robot AutomEng J. 2018; 3(1): 555604, U.S.A (Artigo disponível em **https://juniperpublishers.com/)**

7) "Insight de Engenharia para Emoções e Violência de Robótica Humanoide com Referência ao "Erro do Sistema 1378" em Robot AutomEng J 3(2): RAEJ.MS.ID.5555610 (2018), USA

8) "Definindo Inteligência Ciborgue para Domínios Médicos e Super-Humanos" em Tendências em Pesquisa Técnica e Científica, Volume 2 Edição 3 - julho de 2018, Tendências Tech Sci Res. 2018; 2 (3): 555588. Pgs. 001-002 (Disponível em https://juniperpublishers.com/)

9) "Engenharia de inteligência artificial ultra (UAI) para controlo da violência robótica, deteção e medidas corretivas" in International Robotics & Automation Journal, Int Rob Auto J. 2018; 4(4):242-243, DOI: 10.15406/iratj.2018.04.00129, (Disponível em http://medcraveonline.com)

Sexto Episódio: Engenharia de Ultra Inteligência Artificial (UAI) para Controlo da Violência Robótica, Deteção e Medidas Corretivas em Humanoides

Introdução:

Que tipos de relações sociais podem as pessoas ter com os computadores? Existem actividades em que os computadores podem participar que atraem ativamente as pessoas para relações com eles? Quais são os potenciais benefícios para as pessoas que participam nestas relações entre humanos e computadores? Para responder a estas questões, os investigadores introduzem uma teoria de Agentes Relacionais, que são artefactos computacionais concebidos para construir e manter relações sócio-emocionais a longo prazo com os seus utilizadores. Estes podem ser agentes animados humanóides puramente de software - como desenvolvido neste trabalho - mas também podem ser não-humanóides ou incorporados em várias formas físicas, desde robôs a animais de estimação, jóias, vestuário, dispositivos portáteis e outros dispositivos interactivos. O aspeto central da noção de relação é que se trata de uma construção persistente, que abrange múltiplas interações; assim, os agentes relacionais são explicitamente concebidos para recordar a história passada e gerir as expectativas futuras nas suas interações com os utilizadores. Por último, as relações são fundamentalmente sociais e emocionais, pelo que é necessário incorporar nestes agentes conhecimentos pormenorizados da psicologia social humana, com especial ênfase no papel dos afectos, para que possam tirar partido dos mecanismos da cognição social humana e construir relações da forma mais natural possível. As pessoas constroem relações principalmente através do uso da linguagem, e principalmente no contexto de uma conversa cara a cara. Os Agentes Conversacionais Incorporados - personagens de computador antropomórficos que emulam a experiência da conversação cara-a-cara - fornecem assim o substrato para este trabalho e, por isso, as actividades relacionais fornecidas pela teoria serão principalmente tipos específicos de comportamentos conversacionais verbais e não-verbais utilizados pelas pessoas para negociar e manter relações. Este artigo também pretende que, se o nível de Inteligência Artificial ultrapassar a Inteligência Natural (Inteligência Humana), o que aconteceria se o Erro 1378 do Sistema (erro de mau funcionamento da IA) ocorresse um dia, ou seja, violência robótica devido a emoções semelhantes às humanas em Robots/Humanoid.

Palavras-chave: Humanoide, Emoções em robótica, Violência em robótica, Erro de sistema 1378

Modelação:

Estou a mostrar aqui como podemos conceber o humanoide no futuro para o salvar da violência com o exemplo atual "Erro do sistema 1378", mas que só serve para compreender os conceitos, muitas possibilidades de erros e avarias possíveis quando o humanoide se tornar o robô mais avançado com auto-aprendizagem e programação. Atualmente, estou a trabalhar na fase inicial para evitar e resolver problemas de violência robótica no humanoide com a unidade de programa de aconselhamento e proteção, mas há muitas mais possibilidades do que as que mencionei, que são poucas. Precisamos de implementar um sistema de monitorização preciso que, por defeito e para sempre, seja um componente ativo com a execução do humanoide para todas as tarefas, de modo a rastrear o erro 1378 do sistema e detetar e informar se este ocorrer, tal como mostrado no modelo. Se o erro do sistema 1378 ocorresse devido a violência robótica ou guerra, que engenharia de defesa seria possível? Apresentei quatro engenharias "alternativas": Alt-1, Alt-2, Alt-3 e Alt-4. Estes aspectos da engenharia alternativa tornam-se mais complicados e desafiantes à medida que se passa da Alt-1 para a Alt-4, assim como é necessário conceber a engenharia quando a violência robótica em humanóides se torna mais grave e fora de controlo para ser tratada e resolvida corretamente. Na Alt-1 podemos conceber módulos de software para controlar a violência robótica com o programa "Counseling and Shielding", enquanto que na Alt-2, tal como mostro, precisamos de conceber sub-rotinas que analisem o erro 1378 do sistema e desactivem/desactivem o módulo/parte do humanoide que não funciona corretamente e que causou a violência robótica na Alt-3. Quando a situação é mais perigosa e está fora de controlo, então temos de tomar providências na engenharia do humanoide com o programa de "autodestruição" da Alt-4, mas isso não é rentável e causa perdas em termos de milhões de dólares.

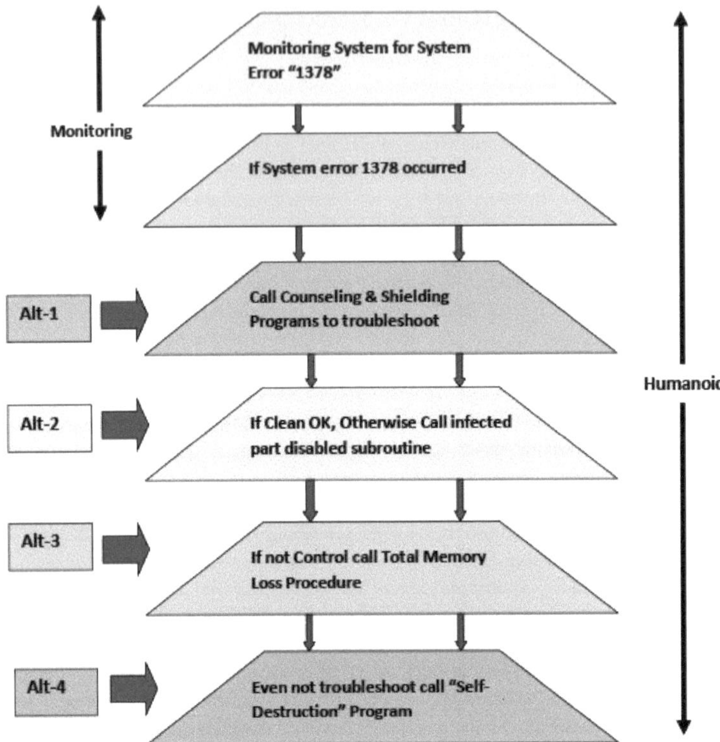

Fonte: Prof. Md. Sadique Shaikh

Conclusão:

Quando a Inteligência Artificial se torna extremamente avançada e ultrapassa a Inteligência Natural humana, esse dia parece ser um dia de desgraça para a raça humana, mesmo que se possa dar o exemplo do Google, que criou o Deus Robô Artificial e a Igreja, o que é contrário à ética humana, como tema de debate em vários canais de notícias internacionais e também na Internet. Assim, proteger a raça humana dos robôs humanóides é uma das questões de engenharia mais importantes: como podemos controlar os robôs e os robôs não deveriam ter de nos controlar e proteger o planeta Terra da violência da robótica, como discuti na minha modelação. Alguém pode ter levantado a questão de porque é que eu mencionei apenas a solução "Auto-destruição" é a provisão para controlar a violência robótica ao nível da saturação, porque se usássemos apagar o esquema neural ainda o módulo básico de identidade de arranque, precisamos de inicializar o humanoide novamente porque é IA, daí a hipótese de auto-recordar como renascimento, onde como desligamento automático do sistema significa dispositivo em modo de sono quando é ligado novamente tem a mesma inicialização em esquemas ANN com violência.

Agradecimentos:

Estou muito grato à minha mulher Safeena Shaikh pelo seu apoio moral, ao meu filho Md. Nameer Shaikh pelo seu amor que me mantém fresco com novas ideias e à minha amiga íntima TanvirSayyed pelo seu apoio positivo e ao meu motivador Dr. B.N.Gupta pelo seu apoio constante.

Referências:

1. Acordo NSF/CE sobre Cooperação em Tecnologias da Informação - Workshops de Investigação Estratégica IST-1999-12077

2. Md. Sadique Shaikh, "Analysis and modeling of Strong A.I to engineer BIONIC brain for humanoid robotics application" in American Journal of Embedded System and Applications, Published by Science Publishing Group, October 2013, vol.1, No.2, doi:10.11648/ajesa.20130102.11, New York, America (U.S.A)(paper available at URL:www.sciencepublishinggroup.com/j/ajesa)

3. Md. Sadique Shaikh, "Inteligência Ultra Artificial (UAI): Redefinindo AI fir New Research Dimension" em Advanced Robotics & Automation (ARA), OMICS International, Londres, abril de 2017, Pgs.1-3, ISSN No: 2168-9695, Vol. 6, Issue. 2, DOI: 10.4172/21689695.100063. (Artigo disponível online em URL: www.omicsonline.com

4. Md. Sadique Shaikh, "Engenharia Fundamental para Interface Cérebro-Computador (BCI): Initiative for Neuron-Command Operating Devices" em Biologia Computacional e Bioinformática (CBB), SciencePG, EUA, novembro de 2017, Pgs. 50-56, Vol. 5, No. 4, DOI: 10.11648/j.cbb.201770504.12, (Paper disponível online em URL: www.sciencepublishinggroup/j/cbb)

5. Md. Sadique Shaikh, Definição da implementação da inteligência ultra-artificial (UAI) utilizando a engenharia do cérebro biónico (semelhante à eletrónica biológica). *MOJ App Bio Biomech.* 2018;2(2):127-128. DOI: 10.15406/mojabb.2018.02.00054

6. Md Sadique Shaikh. Insight Artificial to Cyborg Intelligence Modeling. Arch IndEngg: 1(1): 1- 5.

Episódio Sete: Engenharia de Inteligência Artificial para Cyborg
Implementação de tecnologia ciborgue

1. Introdução:

À medida que os seres humanos vivem mais tempo, há uma necessidade crescente de disponibilidade de órgãos para transplante, no entanto, a escassez de doações obriga ao desenvolvimento de alternativas artificiais com IA, frequentemente designadas por "biónicas". Os avanços na medicina levaram à disponibilidade de sangue artificial, articulações de substituição, válvulas cardíacas e máquinas coração-pulmão que são normalmente implantadas utilizando IA para órgãos biónicos. Um dos objectivos primários e utilitários da investigação em inteligência artificial é desenvolver máquinas com inteligência semelhante à humana. Desde o início da IA como área de estudo, registaram-se grandes progressos. Um dos paradigmas dominantes da investigação em IA tem-se baseado no pressuposto de que vários aspectos da inteligência humana podem ser descritos e compreendidos suficientemente bem para poderem ser simulados por programas de computador através de estruturas de representação inteligentes e mecanismos de raciocínio genéricos. Atualmente, os seres biológicos e os sistemas informáticos partilham alguns fundamentos físicos comuns. A comunicação, tanto nos sistemas nervosos biológicos como nos sistemas informáticos, por exemplo, depende de sinais eléctricos. No entanto, o fosso que separa estas duas classes de sistemas muito diferentes é óbvio e é colmatado pela "Inteligência Ciborgue".

Uma vez que os investigadores e os profissionais confundem entre Biónica/AI e Ciborgue, permitam-me que esclareça a questão na minha última tentativa. Como já referi, a biónica consiste em funções biológicas, métodos, sistemas e procedimentos que imitam eletronicamente a interface entre neurónios, mas o ciborgue é outra possibilidade nos domínios da robótica médica. O ciborgue "organismo cibernético" é um ser dotado de partes do corpo orgânicas e biomecatrónicas, com as quais o ser humano pode aumentar o seu poder em todos os meios e o seu ramo de estudo é a "ciborgologia".

2. Modelação:

2.1. Modelo CAD (Cyborg Analysis Design):

Este é o primeiro modelo e, com a ajuda deste ecrã, pretendo clarificar as questões fundamentais de análise e conceção da engenharia ciborgue. Este modelo baseia-se em quatro níveis, de 1 a 4, e divide cada fase no domínio da análise e no domínio da conceção. Na primeira fase, é necessário efetuar estudos pormenorizados sobre a teoria da neurociência para analisar o ciborgue com a intenção de o conceber e, no domínio da conceção, conceber as interfaces do ciborgue em conformidade. Na segunda fase, os investigadores têm de estudar a biologia e a anatomia humanas e as funções dos órgãos biológicos para estabelecer uma interface e uma sincronização com as partes cibernéticas e, no domínio da conceção, conceber e fabricar os dispositivos em conformidade. Na terceira fase, é necessário estudar as biomembranas, os tecidos, as células e a anatomia para conceber "Interfaces cérebro-computador (BCI)", com comandos de iões-electrões e troca de sinais para estabelecer a comunicação entre o sistema biológico e o sistema eletrónico. Na última fase, o bio-potencial e a forma de estabelecer a interface entre os iões e os dispositivos electrónicos devem ser levados a cabo para conceber os "Dispositivos Operacionais de Comando de Neurónios (NCOD)" /Dispositivos cibernéticos.

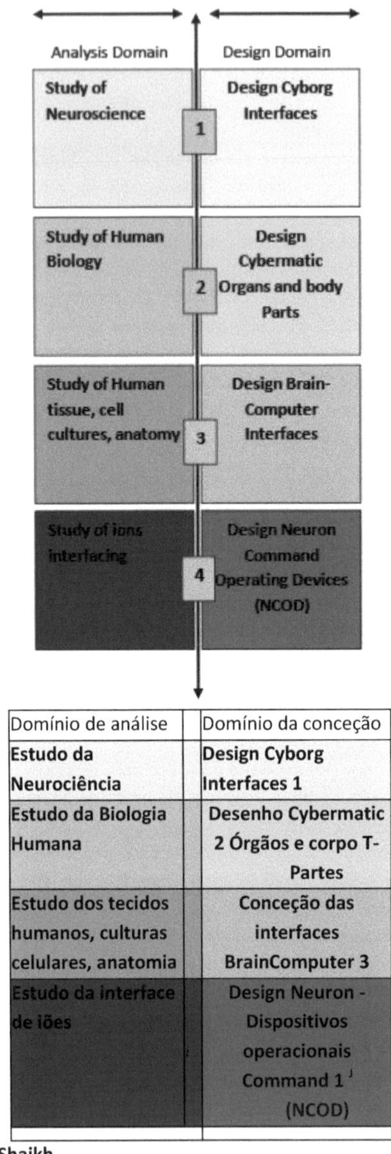

Domínio de análise	Domínio da conceção
Estudo da Neurociência	**Design Cyborg Interfaces 1**
Estudo da Biologia Humana	**Desenho Cybermatic 2 Órgãos e corpo T-Partes**
Estudo dos tecidos humanos, culturas celulares, anatomia	**Conceção das interfaces BrainComputer 3**
Estudo da interface de iões	Design Neuron - Dispositivos operacionais Command 1 (NCOD)

Fonte: Prof. Md. Sadique Shaikh

22. **Modelo de suporte de interface Cyborg:**

Na continuação do primeiro modelo, apresenta-se o segundo modelo de engenharia "Cyborg Interface and Support" para a aplicação da inteligência ciborgue. Baseia-se em quatro critérios e divide-se em dois domínios.

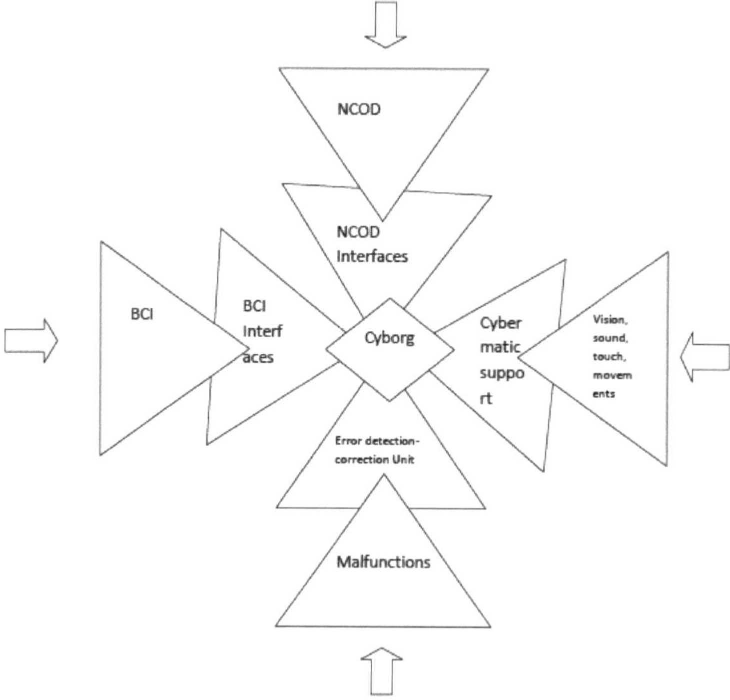

Fonte: Prof. Md. Sadique Shaikh

Em vez de sequencial, é um modelo aleatório, mas abrangeu as quatro questões de conceção mais importantes para implementar a Inteligência Ciborgue (IC). Precisamos de conceber um forte Interface Cérebro-Computador com uma engenharia de BCI profunda e como sincronizar o sistema biológico com o sistema eletrónico, em suma, uma engenharia de sistema precisa. Outro aspeto é como conceber dispositivos operacionais de comando de neurónios (NCOD) e como fazer a interface entre o NCOD e o sistema biológico. O próximo aspeto importante é como analisar e conceber a visão, o som, o tato e os movimentos com NCOD para a engenharia de apoio cibernético. A última questão importante de engenharia que não podemos negligenciar, uma vez que os dispositivos cibernéticos funcionam 24 horas por dia com o corpo humano, há muitas hipóteses de mau funcionamento devido ao processamento contínuo, pelo que a engenharia de "deteção e correção de erros" é importante para um trabalho contínuo e preciso sem erros.

Conclusão:

Com a ajuda desta breve comunicação, tentei compreender quais são os parâmetros e as etapas de engenharia importantes e onde é necessário alterar a engenharia de IA de rotina para a aplicação da tecnologia Cyborg, discutindo dois modelos: o modelo de conceção da análise Cyborg e o modelo de apoio às interfaces Cyborg.

Agradecimentos:

Estou muito grato à minha mulher Safeena Shaikh pelo seu apoio moral, ao meu filho Md. Nameer Shaikh pelo seu amor que me mantém fresco com novas ideias e à minha amiga íntima TanvirSayyed pelo seu apoio positivo e ao meu motivador Dr. B.N.Gupta pelo seu apoio constante.

Referências:

1. Acordo NSF/CE sobre Cooperação em Tecnologias da Informação - Workshops de Investigação Estratégica IST-1999-12077

2. Md. Sadique Shaikh, "Analysis and modeling of Strong A.I to engineer BIONIC brain for humanoid robotics application" in American Journal of Embedded System and Applications, Published by Science Publishing Group, October 2013, vol.1, No.2, doi:10.11648/ajesa.20130102.11, New York, America (U.S.A)(paper available at URL:www.sciencepublishinggroup.com/j/ajesa)
3. Md. Sadique Shaikh, "Inteligência Ultra Artificial (UAI): Redefinindo AI fir New Research Dimension" em Advanced Robotics & Automation (ARA), OMICS International, Londres, abril de 2017, Pgs.1-3, ISSN No: 2168-9695, Vol. 6, Issue. 2, DOI: 10.4172/21689695.100063. (Artigo disponível online em URL: www.omicsonline.com
4. Md. Sadique Shaikh, "Engenharia Fundamental para Interface Cérebro-Computador (BCI): Initiative for Neuron-Command Operating Devices" em Biologia Computacional e Bioinformática (CBB), SciencePG, EUA, novembro de 2017, Pgs. 50-56, Vol. 5, No. 4, DOI: 10.11648/j.cbb.201770504.12, (Paper disponível online em URL: www.sciencepublishinggroup/j/cbb)
5. Md. Sadique Shaikh, Definição da implementação da inteligência ultra-artificial (UAI) utilizando a engenharia do cérebro biónico (semelhante à eletrónica biológica). *MOJ App Bio Biomech.* 2018;2(2):127-128. DOI: 10.15406/mojabb.2018.02.00054

Oitavo episódio: Modelação do Cérebro Biónico para Robótica Humanoide

Resumo

A Engenharia do Cérebro Biónico utilizando a Inteligência Ultra-Artificial (UAI) como Inteligência Natural (NI) para o Humanoide tornou-se uma das maiores áreas de investigação no domínio da IA e da Robótica. Assim, para obter uma inteligência semelhante à humana, é necessário imitar eletronicamente o cérebro humano, denominado cérebro eletrónico "biónico", com um mapeamento e uma engenharia exactos da Inteligência Natural NI (criada por Deus) para a Inteligência Artificial AI (criada pelo Homem). Neste sentido, desenvolvi e discuti dois modelos "Diamante Biónico" e "Modelo de Engenharia do Cérebro Biónico" neste artigo.

Palavras-chave:Cérebro biónico, UAI, IA, NI, Diamante biónico, Modelo de engenharia do cérebro biónico

1. Biónico:

BIONICS é um termo comum para a tecnologia da informação de inspiração biológica, que inclui normalmente três tipos de sistemas, nomeadamente:

- dispositivos electrónicos/ópticos biomórficos (egneuromórficos) e bio-inspirados,
- próteses artificiais autónomas com sensor-processador-ativador e vários dispositivos incorporados no corpo humano, e
- simbioses interactivas vivo-artificiais, por exemplo, dispositivos ou robôs controlados pelo cérebro.

Apesar da utilização restritiva do termo "biónica" na cultura popular, bem como das promessas não cumpridas nos domínios das redes neuronais, da inteligência artificial, da computação suave e de outras áreas "sobrevendidas", foi acordado que o nome *biónica*, tal como definido acima, é o mais adequado para a tecnologia emergente também descrita como tecnologia da informação de inspiração biológica (algumas pessoas sugerem *info-biónica*). Existem numerosos programas em várias agências de financiamento que estão a apoiar partes deste domínio sob vários outros nomes [1, 5].

2. Cérebro biónico:

Cérebro biónico significa cérebro "biológico-eletrónico" com inteligência natural mimetizada, artificialmente num chip de silício, que permite um funcionamento semelhante ao dos robôs humanóides (semelhantes aos humanos), tal como o cérebro biológico do ser humano (para mais informações, consultar o meu trabalho completo mencionado na referência n.º 2).

3. Modelação:

3.1. Diamante Biónico:

Este é o meu primeiro modelo proposto, com o qual pretendo compreender aos jovens investigadores o que é muito importante ao nível fundamental da engenharia do cérebro biónico para o humanoide, tal como se vê no diamante biónico. Baseia-se em quatro parâmetros essenciais: engenharia de processamento de imagem e perceção para criar sensações semelhantes às humanas utilizando a cognição artificial. O segundo é o processamento da linguagem natural (PNL), semelhante ao ser humano, com interpretação e léxico corretos. Outros dois aspectos importantes são a auto-aprendizagem e a engenharia de desenvolvimento com unidades de gestão de memória de curto/longo prazo.

Figure 1: Bionic Diamond

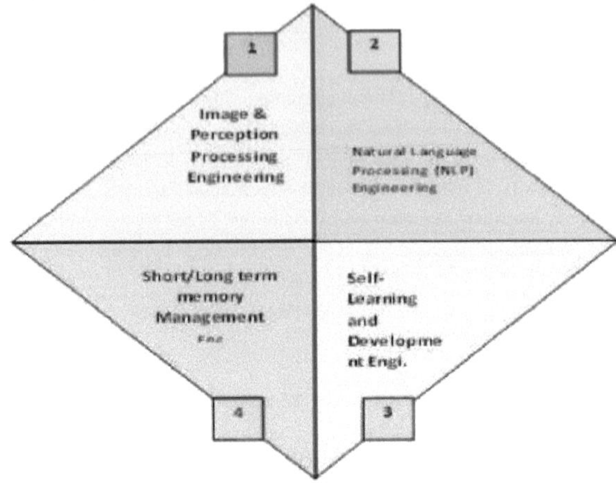

Source: Prof. Md. Sadique Shaikh

3.2. Modelo de engenharia do cérebro biónico:

Na exposição acima, apresento quatro domínios importantes - Sensações, Processamento, Decisão, Recuperação e Referências e Atuação - para a Modelação do Cérebro Biónico, classificando cada um deles em dois subcritérios. A primeira questão de conceção é dividida em engenharia de cognição e de sensores e transdutores para entradas biológicas/ambientais com calibrações precisas. O processamento é ainda segmentado para levar a cabo a engenharia em dois factores inteligência e UAI-CPUs array que o cérebro principal do humanoide global. No terceiro nível, é necessária uma engenharia de decisão, recuperação e referência com gestão da memória a longo/curto prazo e, no quarto nível, para uma capacidade de resposta e uma ação semelhante à humana por parte do humanoide, é necessária uma engenharia genuína de atuação com dois domínios: engenharia de actuadores e motores e engenharia de comportamento e movimento.

Figura 2: Modelo de engenharia do cérebro biónico

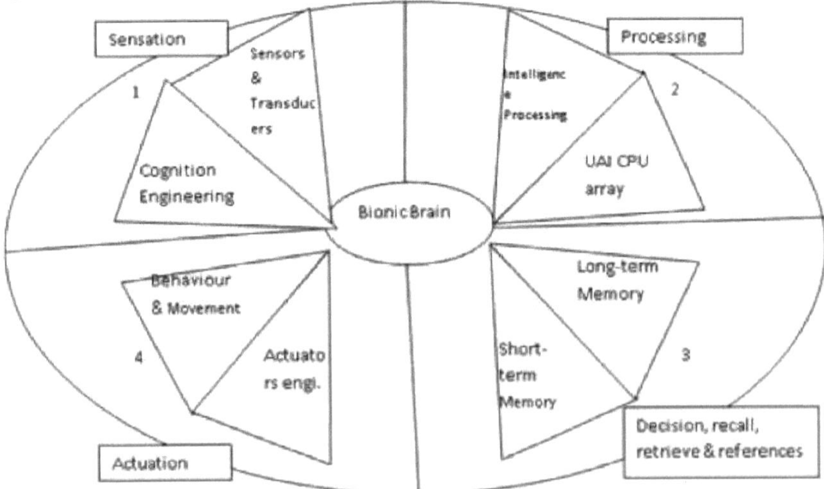

Fonte: Pref- Md. iadique Shiikb

4. Conclusão:

No presente artigo, discuti de forma muito lúcida como podemos analisar e conceber o Cérebro Biónico utilizando a UAI como NI com a ajuda do Diamante Biónico e do Modelo de Engenharia do Cérebro Biónico. Este trabalho de investigação será muito útil para quem quiser começar a investigar na direção do Cérebro Biónico, do Humanoide e da Inteligência Ultra Artificial (UAI).

Agradecimentos:

Estou muito grato à minha mulher Safeena Shaikh pelo seu apoio moral, ao meu filho Md. Nameer Shaikh pelo seu amor que me mantém fresco com novas ideias e à minha amiga íntima TanvirSayyed pelo seu apoio positivo e ao meu motivador Dr. B.N.Gupta pelo seu apoio constante.

Referências:

6. Acordo NSF/CE sobre Cooperação em Tecnologias da Informação - Workshops de Investigação Estratégica IST-1999-12077

7. Md. Sadique Shaikh, "Analysis and modeling of Strong A.I to engineer BIONIC brain for humanoid robotics application" in American Journal of Embedded System and Applications, Published by Science Publishing Group, October 2013, vol.1, No.2, doi:10.11648/ajesa.20130102.11, New York, America (U.S.A)(paper available at URL:www.sciencepublishmggroup.com/j/ajesa)

8. Md. Sadique Shaikh, "Inteligência Ultra Artificial (UAI): Redefinindo a IA para uma nova dimensão de pesquisa" em Advanced Robotics & Automation (ARA), OMICS International, Londres, abril de 2017, Pgs.1-3, ISSN No: 2168-9695, Vol. 6, Issue. 2, DOI: 10.4172/2168-9695.100063. (Artigo disponível online em URL: www.omicsonline.com

9. Md. Sadique Shaikh, "Engenharia Fundamental para Interface Cérebro-Computador (BCI): Initiative for Neuron-Command Operating Devices" em Biologia Computacional e Bioinformática (CBB), SciencePG, EUA, novembro de 2017, Pgs. 50-56, Vol. 5, No. 4,
DOI: 10.11648/j.cbb.201770504.12, (Documento disponível online em URL: www.sciencepublishinggroup/j/cbb)

10. Md. Sadique Shaikh, Definição da implementação da inteligência ultra-artificial (UAI) utilizando a engenharia do cérebro biónico (semelhante à eletrónica biológica). *MOJ App Bio Biomech.* 2018;2(2):127-128. DOI: 10.15406/mojabb.2018.02.00054

11. Md Sadique Shaikh. Insight Artificial to Cyborg Intelligence Modeling. Arch IndEngg: 1(1): 1- 5.

Episódio nove: Definição de Inteligência Ultra Artificial (UAI) Implementação utilizando o cérebro biónico (biologicamente semelhante à eletrónica)
Perceção da engenharia

1. **Biónico:**

BIONICS é um termo comum para designar a tecnologia da informação de inspiração biológica, incluindo normalmente três tipos de sistemas, nomeadamente

- dispositivos electrónicos/ópticos bio-mórficos (egneuromórficos) e bio-inspirados,
- próteses artificiais autónomas com sensor-processador-ativador e dispositivos diversos incorporados no corpo humano, e
- simbioses interactivas vivo-artificiais, por exemplo, dispositivos ou robôs controlados pelo cérebro.

Apesar da utilização restritiva do termo "biónica" na cultura popular, bem como das promessas não cumpridas nos domínios das redes neuronais, da inteligência artificial, da computação suave e de outras áreas "sobrevendidas", foi acordado que o nome *biónica*, tal como definido supra, é o mais adequado para a tecnologia emergente também descrita como tecnologia da informação de inspiração biológica (algumas pessoas sugerem *info-biónica*). Existem numerosos programas em várias agências de financiamento que estão a apoiar partes deste domínio sob vários outros nomes [1].

2. **Cérebro biónico:**

Cérebro biónico significa cérebro "biológico-eletrónico" com inteligência natural mimetizada, artificialmente num chip de silício, que permite um funcionamento semelhante ao dos robôs humanóides (semelhantes aos humanos), tal como o cérebro biológico do ser humano (para mais informações, consultar o meu trabalho completo mencionado na referência n.º 2).

Os cientistas estão a começar a analisar muito mais de perto os mecanismos do cérebro e a forma como este aprende, evolui e desenvolve a inteligência a partir de um sentido de consciência (Aleksander, 2002). Por exemplo, os criadores de software de IA estão a começar a trabalhar em conjunto com psicólogos cognitivos e a utilizar conceitos de ciência cognitiva. Outro exemplo centra-se no trabalho dos "conexionistas", que chamam a atenção para a arquitetura dos computadores, argumentando que a disposição da maioria dos programas simbólicos de IA é fundamentalmente incapaz de exibir as caraterísticas essenciais da inteligência em qualquer grau útil. Com base na estrutura do sistema nervoso, estes "modelos cognitivos computacionais" são concebidos para exibir alguma forma de aprendizagem e "senso comum", estabelecendo ligações entre significados (Hsiung, 2002). As RNAs funcionam, portanto, de forma semelhante ao cérebro: à medida que a informação chega, as ligações entre os nós de processamento são reforçadas (se a nova evidência for consistente) ou enfraquecidas (se a ligação parecer falsa) (Khan, 2002). O surgimento das RNAs reflecte uma mudança de paradigma subjacente na comunidade de investigação em IA e, como resultado, estes sistemas têm inegavelmente recebido muita atenção. No entanto, independentemente do seu sucesso na criação de interesse, o facto é que as RNA ainda não foram capazes de substituir a IA simbólica. Como Grosz e Davis (1994) observam: *A IA simbólica] produziu a tecnologia que está na base dos poucos milhares de sistemas especializados baseados no conhecimento utilizados atualmente na indústria".* Um grande desafio para a próxima década é, pois, alargar significativamente esta base, de modo a possibilitar novos tipos de sistemas de aplicação de grande impacto. Um segundo grande desafio será assegurar que a IA continue a integrar-se em áreas afins da investigação em computação e noutros domínios (Doyle e Dean, 1996). Por exemplo, os tipos de desenvolvimentos descritos para a nanotecnologia podem contribuir de alguma forma para acelerar o progresso da IA, em especial através da interface com os sensores. Por estas razões, a lista das principais áreas de investigação que se segue não deve ser considerada nem exaustiva nem clara.

3. **Modelação:**

3.1. Modelo BBCE (Bionic Brain Classified Engineering):

Este é o primeiro modelo "Bionic Brain Classified Engineering (BBCE)", através do qual gostaria de me concentrar nos principais domínios de engenharia do cérebro biónico. O conceito exposto no modelo BBCE com a engenharia classificada do Cérebro Biónico tem como questão fundamental o que se pretende projetar utilizando a UAI. Porque é essencial saber se se está a projetar no domínio do Cérebro Biónico, o objetivo aqui é discutir fundamentalmente dois tipos de engenharia do Cérebro Biónico no atual cenário de investigação possível, um é "Mimic Bionic Brain" e o outro é "Born-Child like Bionic Brain". O primeiro é a investigação sobre o cérebro biónico em curso em vários países e também está a ser utilizado a nível inicial em alguns locais, mas o segundo ainda precisa de ser ultrapassado com vários novos conceitos e ideias de engenharia para construir o domínio. Eu cunhei os termos Mimic Bionic Brain (Cérebro Biónico Mímico), pois aqui a engenharia de IA tem lugar para estudar uma inteligência genial utilizando a teoria da Neurociência biológica e a sua Inteligência Natural (NI- God made) lidou eletronicamente no Chip como Inteligência Artificial (AI-Man made), enquanto que o Cérebro Biónico seria uma engenharia para desenvolver um cérebro eletrónico completamente em branco, claro que semelhante à estrutura do cérebro humano, mas não imita o seu próprio desenvolvimento, tal como uma criança recém-nascida que analisa o ambiente, desenvolve a perceção, gera significado e memoriza todos os objectos identificados com comunicações adequadas por todos os meios. No meu primeiro modelo, discuti ainda a maioria das competências genéricas de engenharia necessárias para desenvolver um cérebro biónico do tipo Born-Child, discutindo os requisitos dos módulos de hardware e software, uma vez que, para imitar o cérebro biónico, são necessários um sistema avançado de aprendizagem de máquinas e um esquema de engenharia de imitação de RNA (rede neural artificial) do lado do hardware e programas avançados de inteligência artificial e módulos de programa lógico adequados ao esquema neural do lado do software. O cérebro biónico do tipo "Born-Child" também necessita dos mesmos factores, mas com a extensão de um sistema avançado de auto-aprendizagem de máquinas e de um sistema de engenharia de esquemas de RNA em branco para auto-desenvolvimento no lado do hardware, enquanto que os programas de inteligência artificial avançada (UAI) e os módulos de programas lógicos procuram adaptar-se aos esquemas neurais no lado do software. Tanto no lado do hardware como no lado do software, o Cérebro Biónico, nos seus quatro quadrantes, está novamente sujeito a uma vasta engenharia.

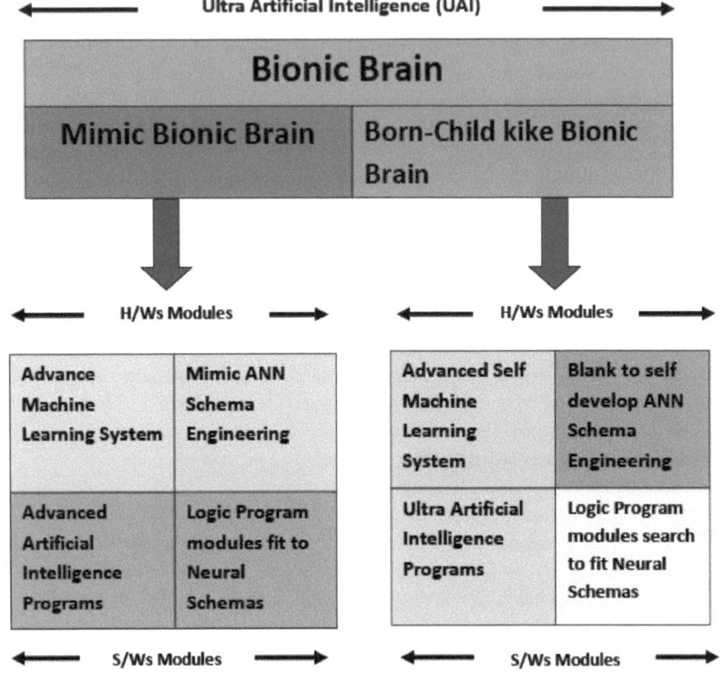

Fonte: Prof. Md. Sadique Shaikh

3.2. Modelo BBEI (Bionic Brain Engineering Insight):

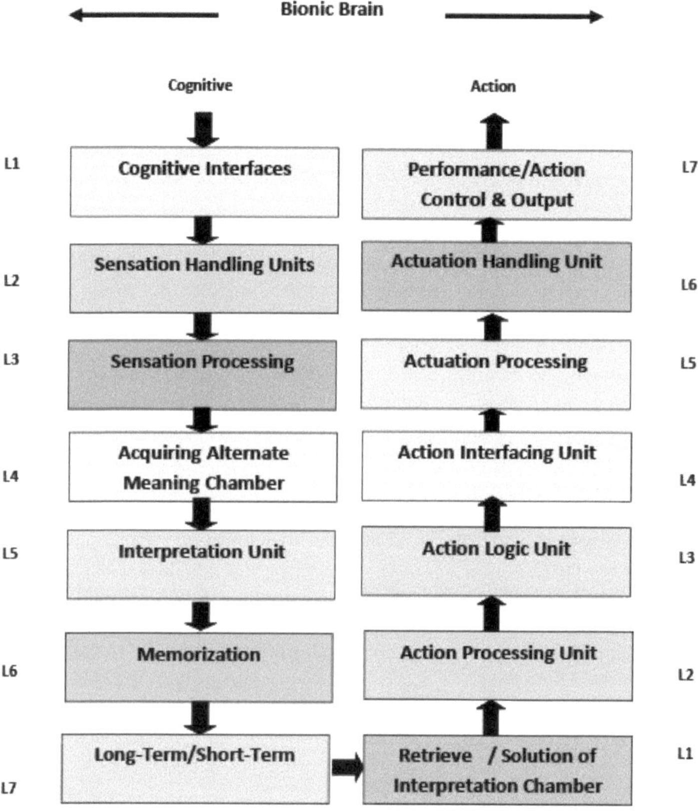

Este é o meu segundo modelo concebido, denominado Bionic Brain Engineering Insight (BBEI) Model, que dá uma ideia rápida de como o Bionic Brain Engineer, que factores e critérios devem ser considerados durante a engenharia e como essa engenharia funcionará na integração. Este modelo baseia-se totalmente no primeiro, com uma descrição pormenorizada da engenharia funcional. Daí o nome dado a Engineering Insight, aqui o modelo completo divide-se em dois segmentos, um é "Cognitivo" e o outro é "Ação", tendo sete camadas L1 a L7 para ambos. No trabalho, podemos assumir o mesmo funcionamento do cérebro humano de forma análoga para compreender a ideia. Depois dos sentidos, a cognição dos estímulos ambientais na camada L1, ou seja, a Interface Cognitiva em volume eletrónico utilizando sensores e transdutores, é enviada para a Unidade de Tratamento de Sensações L2 para filtrar e canalizar, de onde passa para o Processamento de Sensações para clarificar coisas, elementos, visuais, sons e objectos pelo Cérebro Biológico-Eletrónico (Biónico) na L3 e é enviada para a Câmara de Significado Alternativo para adquirir significados na L4. A partir de L4, passa pela Unidade de Interpretação L5 para fazer coisas, ou seja, conversão de informação em inteligência e esta entrada para a memorização de montagem, muitas vezes chamada de armazenamento/restauração em L6 com o anexo L7 Memórias de longo prazo/curto prazo para diferentes objectivos de memorização. Todo o processo começa de cima para baixo, de L1 a L7. Em sentido inverso, em L1, o cérebro biónico recebe as informações da câmara de interpretação, que constituem a inteligência concisa para a tomada de medidas e o desempenho de saída do cérebro biónico, que é enviado para a unidade de processamento de acções L2, para a colocar em estado de prontidão, de onde parte a unidade de lógica de ação L3, onde são elaboradas as estratégias de desempenho e a programação das acções com controlo do tempo. O conjunto é ainda introduzido na unidade de interface de ação L4 para preparar e preparar os sinais para que os actuadores do humanoide entrem em movimento de acordo com o comando e, para isso, as unidades de processamento de atuação L5 e L6 e de manipulação de atuação trabalham em conjunto, a partir das quais todo o mecanismo é fornecido ao controlo e à saída do desempenho/ação em L7 para obter um desempenho/ação semelhante ao humano pelo humanoide, utilizando a inteligência ultra-artificial do cérebro biónico.

Conclusão:

Para encerrar esta breve comunicação, gostaria de concluir que o "Cérebro Biónico" é o futuro da Inteligência Artificial ao mais alto nível, pelo que cunhei aqui o termo "Inteligência Ultra-Artificial". A utilização do cérebro biónico permite não só a criação de robôs semelhantes aos humanos/humanóides, mas também de robôs médicos e de robôs espaciais para investigação espacial precisa. Um dia, o cérebro biónico e os robôs biológicos

O cérebro biónico torna-se duro um para o outro. O segundo desafio é saber como é possível programar e controlar as emoções, os sentimentos, a linguagem corporal, os gestos, a postura e a expressão utilizando o cérebro biónico no humanoide. Nesta fase, existe também a possibilidade de violência robótica com a Humanidade. Mostrei, com a ajuda de dois modelos, como se pode iniciar uma viagem nesse sentido.

Referências:

1. Acordo NSF/CE sobre Cooperação em Tecnologias da Informação - Workshops de Investigação Estratégica IST-1999-12077

2. Md. Sadique Shaikh, "Analysis and modeling of Strong A.I to engineer BIONIC brain for humanoid robotics application" in American Journal of Embedded System and Applications, Published by Science Publishing Group, October 2013, vol.1, No.2, doi:10.11648/ajesa.20130102.11, New York, America (U.S.A)(paper available at URL:www.sciencepublishinggroup.com/j/ajesa)

PARTE II

Décimo episódio: Perspectivas sobre a robótica de inspiração biológica

Resumo

Estou a tentar compreender toda a família da robótica inspirada na biologia e na biologia sintética através desta comunicação. Em termos gerais, assumindo as suas subcategorias, gostaria de classificar a robótica de inspiração biológica em cinco grandes categorias: ciborgues, cilindros, robôs moles, robôs contínuos, plantoides e nanobots. Os Softrobots e os Plantoids são domínios bastante novos e interessantes do novo futuro da IA, com muitas formas e caraterísticas avançadas. Este parecer dá-lhe a conhecer tudo sobre eles.

Palavras-chave: Biologia Sintética, Ciborgue, Cylons, Softrobótica, Robótica Contínua, Plantoides, Nanobots.

Modelo de robótica de inspiração biológica

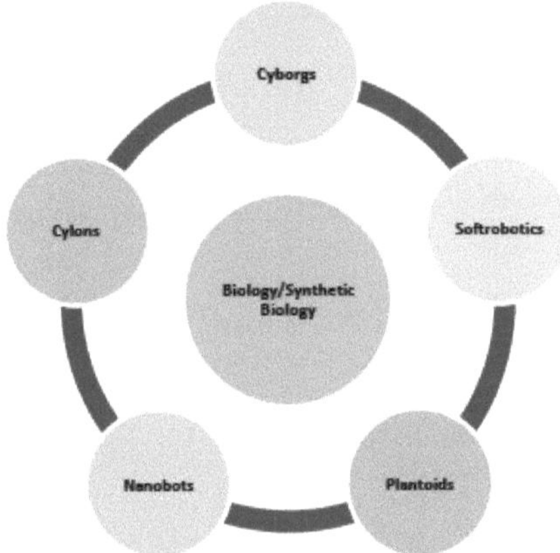

Fonte: Prof. Md. Sadique Shaikh

A robótica baseada na biologia e na biologia sintética está segmentada em cinco tipos: Cylon, Cyborg, Plantoid, Nanobot e Softrobot, todos eles diferentes uns dos outros.

Plantoides:

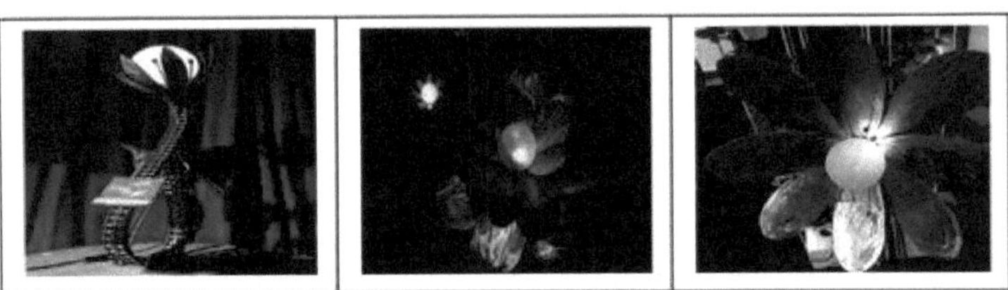

O domínio da robótica bio-inspirada é muito interessante e a minha preocupação é o Plantoid. Um Plantoid é o equivalente vegetal de um androide ou humanoide com UAI pode dizer-se que é um robô ou organismo sintético concebido para parecer, atuar e crescer como uma planta com uma Inteligência Artificial avançada do tipo humanoide/androide. O plantoide é uma forma de vida autónoma baseada na cadeia de blocos que é capaz de se reproduzir. É uma criatura híbrida que vive tanto no modo do mundo físico, porque é uma engenhoca mecânica feita de aço reciclado e eletrónica, como no modo do mundo virtual/digital, porque é um software implantado no topo de uma rede baseada em cadeias de blocos. Daí a capacidade de comutação entre o modo físico e o modo virtual. Os plantoides seriam um ramo estranho e útil da robótica de inspiração biológica num futuro próximo, com muitas formas de vida, formas de inteligência e formas de auto-reprodução com possível cobertura de aplicação. Estas formas de vida baseadas na Blockchain basear-se-ão em criaturas que se auto-replicam.

Softrobotics

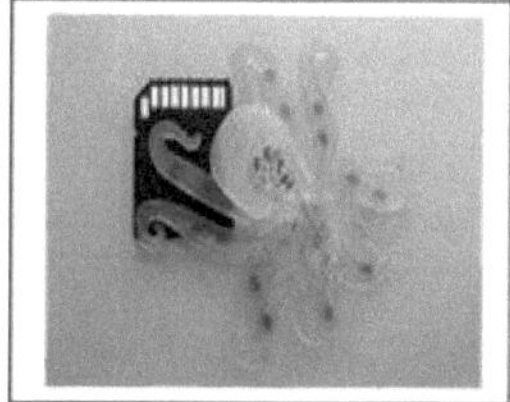
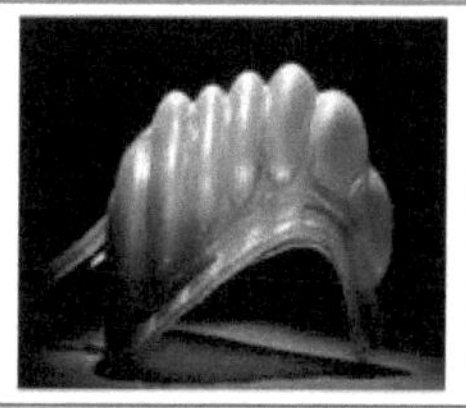

A robótica macia é um novo subcampo emergente da robótica que é muito útil na medicina, na indústria, na exploração espacial, na exploração do mar profundo, na nano-robótica e em muitas outras aplicações semelhantes. A principal vantagem dos robôs macios em comparação com os robôs rígidos é a sua excelente flexibilidade e adaptabilidade para realizar tarefas. Antes de avançar, gostaria de começar por referir os robôs macios ou contínuos: "Os robôs macios são robôs de pequenas, médias e grandes dimensões, com várias formas corporais biológicas ou não biológicas, constituídos por materiais ultra macios e flexíveis, cujos materiais são concebidos com recurso à mecânica e à cinemática contínuas". A grande diferença entre os robôs rígidos convencionais e os robôs macios é que, na robótica rígida, a inteligência é concebida com recurso à IA apenas para controlar o corpo dos robôs, mas na robótica macia os materiais com que os robôs se tornam inteligentes e têm inteligência, sensações e acções. Por conseguinte, os robôs macios também podem aprender com o ambiente circundante em modo autónomo e têm maior flexibilidade para se agarrarem, treparem, moverem, defenderem, etc.

Nanobots

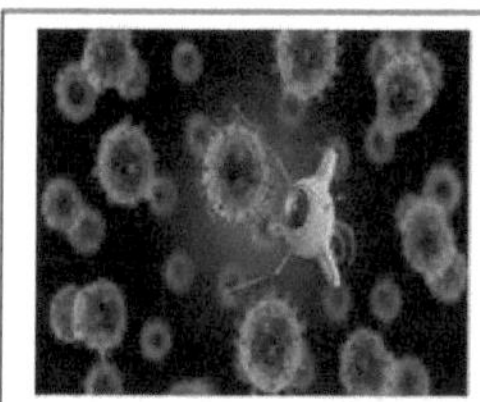
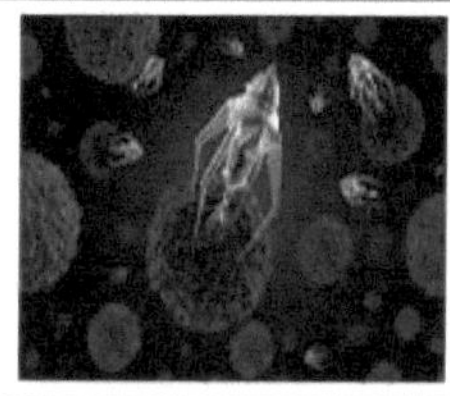
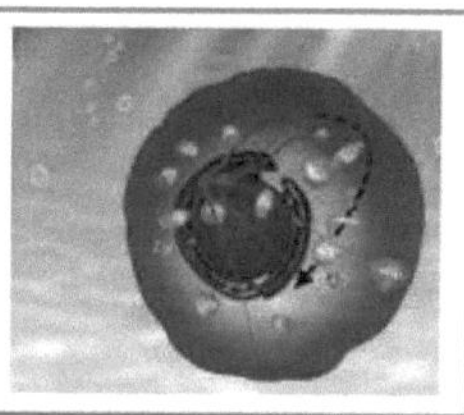

Os nanobots (nano-robots) são robôs concebidos a nível nanométrico utilizando a nanotecnologia a nível atómico, celular e molecular. Os nanobots são também designados por nanomáquinas, nanorobots, nanomitas, nanites ou nanoides, etc. A investigação sobre nanobots está em curso e, quando for bem sucedida, será muito útil para o tratamento do corpo humano, para matar bactérias, vírus e células nocivas, como o VIH, o cancro, etc., no interior do corpo humano. Estes seriam pequenos motores e máquinas injectados no corpo para matar doenças. Por conseguinte, os nanobots são muito úteis no domínio da medicina, sendo frequentemente designados por nanomedicamentos. Os nanobots formam-se utilizando nanopartículas, partículas quânticas, pontos quânticos a 10^{-9}Sacle.

Ciborgues:

Em primeiro lugar, o que é um Cyborg? É um organismo que tem partes orgânicas ("naturais" feitas pelo Homem) e cibernéticas ("máquinas" electromecânicas artificiais e feitas pelo Homem) concebidas, implementadas e colocadas em cascata no corpo humano para assistência médica biológica ou para alterar as potencialidades, capacidades e inteligência humanas normais para níveis de super ou ultra poder. Por outras palavras, quando as pessoas se tornam Cyborg, são parte humanas e parte máquinas. O Cyborg é outra possibilidade nos domínios da medicina e dos poderes super artificiais. O ciborgue "organismo cibernético" é um ser dotado de partes do corpo orgânicas e biomecatrónicas, com as quais o ser humano pode aumentar o seu poder em todos os meios e o seu ramo de estudo é a "ciborgologia".

Cylons

Os Cylons parecem ser semelhantes aos Cyborg, mas têm grandes diferenças e deixem-me esclarecer quais são. Os Cylons são especialmente concebidos para fins de guerra e afins e são totalmente constituídos por materiais normais, sendo apenas utilizada a inteligência humana e a mímica, ao passo que os Cyborgs são concebidos ou implementados em seres humanos para diversos fins e utilizam parcialmente materiais biológicos ou biológicos sintéticos. Este ramo tem menos espaço e atenção para a investigação devido ao rápido sucesso dos ciborgues.

Conclusão

As formas de robótica de inspiração biológica mudarão a faceta do mundo e tratarão das tarefas de rotina da humanidade. Estas formas de inteligência seriam engenheiradas e estariam disponíveis em vários tamanhos, formas, competências, capacidades e caraterísticas avançadas como Plantoides, Softrobots, Nanobots e Cyborgs que expliquei com a ajuda do Modelo de Robótica Bio-Inspirada.

Reconhecimento

Gostaria de agradecer este trabalho à minha querida esposa Safeena Khan, aos meus anjos Md. Nameer Shaikh, Md. Shadaan Shaikh e ao meu grande amigo TanveerSayyed.

Episódio Onze: Comunicado sobre "Apoio Médico Robótico System (RMSS)"

Resumo
Hoje em dia, a Internet das Coisas tornou-se uma tecnologia de rede de comunicação muito bem sucedida e de ponta que pode ligar todos os objectos vivos e não vivos, criaturas e robôs uns aos outros com o seu RFID único e, por conseguinte, o meu pensamento começou com esta visão de como a robótica e a IoT se podem fundir para benefício da humanidade e ultrapassar o conceito de "Sistema de Apoio Médico Robótico (RMSS)".

Palavras-chave: IoT, IoUT, RMSS, IA, robótica médica

Modelo do Sistema de Apoio Médico Robótico (RMSS)

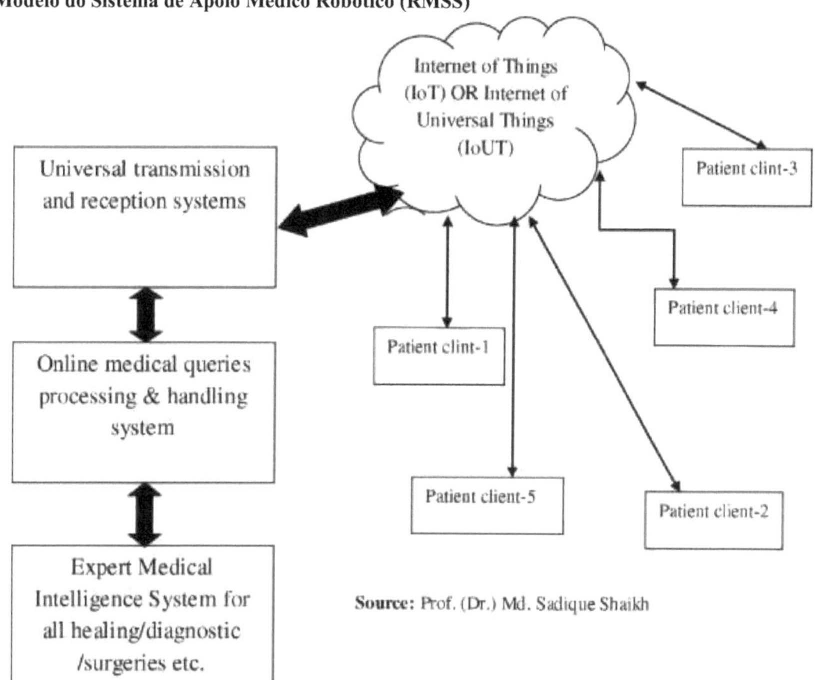

Source: Prof. (Dr.) Md. Sadique Shaikh

Atualmente, a inteligência robótica tornou-se a unidade funcional central de todas as aplicações no mundo para todas as disciplinas. Por conseguinte, é igualmente útil nas ciências médicas avançadas e automatizadas, pelo que tive esta visão para desviar a atenção dos investigadores e dos profissionais para este domínio, o que designei por "Sistema robótico de apoio médico (RMSS)". Em muitos filmes de ficção científica de Hollywood ou relacionados com ciborgues, como Avengers, After Earth, vimos a civilização ciborgue de nível avançado da humanidade e também vimos todas as feridas e lesões a sararem muito rapidamente. Não nos preocupamos com a forma como se curaram tão depressa, mas não se trata de uma magia que seria possível num futuro próximo utilizando inteligência avançada de manipulação robótica móvel baseada em satélites para todos os tratamentos e operações médicas. Uma das possibilidades que estou a discutir aqui no artigo de visão para o "Sistema de apoio médico robótico (RMSS)" usando a IoT no presente e poderia ser IoUT no futuro, quando o tempo e as viagens espaciais forem possíveis para a raça humana. precisamos de conceber um tratamento médico universal e um repositório ou sistema de diagnóstico que esteja ligado a um mecanismo ou sistema de processamento e manuseamento de consultas de tratamentos médicos a nível mundial ou no futuro universal, interligado com todas as formas de codificação, descodificação, modulação, transmissão e receção de itens de dados para processamento de consultas, retorno noutra palavra mecanismo de concessão de pedidos ligado a um datawarehouse médico com todas as capacidades de comunicação e processamento médico. Este conjunto está ligado e pronto para realizar o tratamento de doentes em todo o mundo, ligado à IdC ou no espaço, ligado à IoUT (hipótese futura), com os seus próprios sistemas de robótica médica para realizar tarefas sob o controlo do MRSS através da IdC/IoUT, como mostra o modelo acima.

Conclusão

Neste artigo de visão, discuti a faceta futura do domínio da medicina com a referência ao avanço da inteligência artificial, da inteligência ciborgue, da Bigdata e da IoT. Assim, com a manutenção de tudo, desenvolvi o modelo do Sistema de Apoio Médico Robótico (RMSS) e discuti uma das maiores possibilidades futuras da robótica médica avançada.

Agradecimentos

Estou muito grato à minha mulher Safeena Shaikh pelo seu apoio moral, aos meus filhos Md. Nameer Shaikh e Md. Shadaan Shaikh pelo seu amor que me mantém fresco com novas ideias e à minha amiga íntima TanvirSayyed pelo seu apoio positivo.

Referências

1. Md. Sadique Shaikh, "Analysis and modeling of Strong A.I to engineer BIONIC brain for humanoid robotics application" in American Journal of Embedded System and Applications, Published by Science Publishing Group, October 2013, vol.I, No.2, doi:IO.II648/ajesa.20I30I02.II, New York, America (U.S.A)(paper available at URL:www.sciencepublishinggroup.com/j/ajesa)

2. Md. Sadique Shaikh (2017) "Inteligência Ultra Artificial (UAI): Redefinindo uma nova dimensão de pesquisa", Adv Robot Autom DOI: 10.4172/2168-9695.1000163.

3. Md. Sadique Shaikh (2017) "Engenharia Fundamental para o Interface Cérebro-Computador (BCI): Initiative for Neuron-Command Operating Devices". Biologia Computacional e Bioinformática 5: 50-56.

4. Md. Sadique Shaik (2018) Definição da implementação da inteligência ultra-artificial (UAI) utilizando a visão da engenharia cerebral biónica (semelhante à eletrónica biológica). MOJ App Bio Biomech 2: 127-128.

5. Md Sadique Shaikh(2O18) Insight Artificial to Cyborg Intelligence Modeling. Arch IndEngg: I: 1-5.

6. Sadique Shaikh (2018) "Engenharia de Inteligência Artificial para a Implementação da Tecnologia Cyborg". Revista de Engenharia de Robótica e Automação, Robot AutomEngJ 3: 555604.

7. Sadique Shaik (2018) "Insight de Engenharia para Emoções e Violência de Robótica Humanoide com Referência ao "Erro do Sistema 1378" em Robot AutomEng J 3(2): RAEJ.MS.ID.5555610 (2018).

8. Sadique Shaik (2018) "Defining Cyborg Intelligence for Medical and Super-Human Domains", Trends Tech Sci Res 2: 001-002.

9. Md Sadique Shaikh, Safina Khan "Engenharia de inteligência artificial ultra (UAI) para o controlo, deteção e correção da violência robótica". Int Rob Auto J 4: 242-243.

10. Md. Sadique S, Shabeena K (2018) Apresentando a modelagem de aprendizagem da mente profunda. Adv Rob MecEng 1(1)- 2018. ARME.MS.ID.000101.

Episódio 12: Definindo a cirurgia robótica por satélite usando IoT

Modelo de cirurgia robótica por satélite (SRSM)

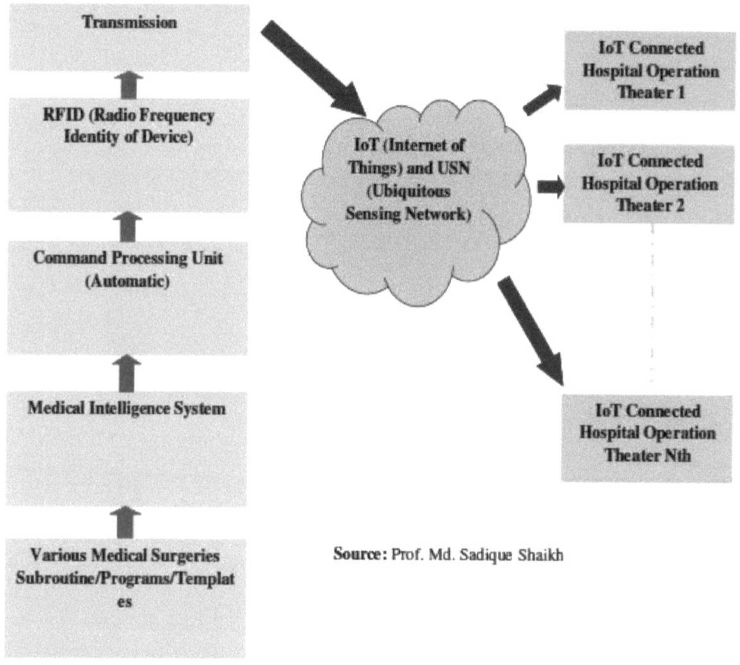

Fonte: Prof. Md. Sadique Shaikh

Atualmente, a Internet das Coisas (IoT) está a tornar possível tudo, o controlo e o funcionamento remotos e a transformar a imaginação da comunicação de objectos em realidade, utilizando a USN (Ubiquitous Sensing Network) baseada em satélite. A IoT é a derradeira tecnologia de comunicação em que não só os seres vivos mas também todos os seres não vivos podem comunicar, comandar, controlar e processar utilizando os seus RFID e USN únicos. Por conseguinte, seria possível a hipótese "Cirurgia robótica por satélite utilizando a IoT". Desenhei um modelo para explicar como isto será possível num futuro próximo, designado por "Modelo de Cirurgia Robótica por Satélite (SRSM)". Deixem-me explicar-vos como seria a sua conceção e funcionamento. Para implementar a cirurgia robótica baseada em satélite usando IoT, o primeiro requisito é várias sub-rotinas / programas / modelos de cirurgias médicas que passam pelo sistema de inteligência médica para decidir qual procedimento cirúrgico solicitado pelo hospital do cliente de qual país e qual método cirúrgico é eficiente a partir das sub-rotinas alternativas e qual é a gravidade , complicação e natureza da cirurgia. Após o sistema de apoio à decisão de inteligência médica, os comandos de decisão são preparados e enviados para a unidade de processamento de comandos. A função do processamento de comando é o comando de calibre com controlo preciso, gestão do tempo, condicionamento do sinal e aquisição de dados. No nível seguinte, todo o processo incluiu o seu RFID e a transmissão através da unidade de transmissão para hospitais clientes de 1, 2, 3 ... Nth usando USN e IoT com comunicação baseada em satélite em todo o mundo com a concessão de pedidos de número de hospitais clientes que solicitaram cirurgia robótica baseada em satélite usando IoT.

Conclusão

Discuti como a cirurgia robótica por satélite é possível utilizando a IoT e a USN com a ajuda do modelo de cirurgia robótica por satélite (SRSM)". A grande vantagem desta tecnologia é que a operação cirúrgica é possível a partir de programas especializados sem a presença de médicos, mas uma grande desvantagem seria se o streaming de dados falhas ou interrupções na comunicação de comando em qualquer ponto se tornassem causa de paragem da cirurgia remota ou obstáculo devido à distorção na receção do sinal nos hospitais do cliente.

Agradecimentos:

Estou muito grato à minha mulher Safeena Shaikh pelo seu apoio moral, aos meus filhos Md. Nameer Shaikh & Md. Shadaan Shaikh pelo seu amor, que me mantém atualizado com novas ideias, e à minha amiga TanvirSayyed pelo seu apoio positivo. Agradeço este trabalho aos meus amigos JyotiFirke e RitashriCahudhari pelo seu encorajamento e também ao Dr. B.N.Gupta que me inspirou.

Episódio 13: Opinião sobre Nanorobótica, Nanociência e A nanotecnologia como nanomedicina para as práticas médicas do futuro

Resumo

Todos vós tendes conhecimento de todos os domínios da investigação nanométrica em geral, mas aqui a intenção é específica no domínio das ciências médicas, das práticas e dos novos métodos cirúrgicos. Nesta comunicação, tento ajudar-vos a explorar novas investigações e práticas utilizando o modelo básico intrigante que se segue em várias direcções das ciências e práticas médicas.

Palavras-chave: Nanopartículas, Nanorrobôs, Nonomotores Biológicos, Nanociência, Nanotecnologia, NEMS, Motores ATP, Softrobotics, Química Molecular, Biologia Sintética, Nanopós.

Modelo de Exploração e Prática de Nanomedicinas:

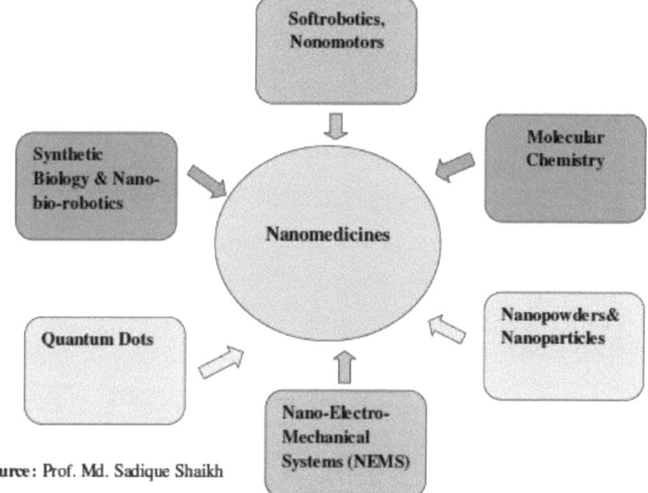

O modelo acima é uma representação lúcida de todos os domínios de investigação possíveis do regime nanométrico nas ciências e práticas médicas, na minha opinião. Limitei-me apenas à nanomedicina e mostrei os vários subdomínios disponíveis no regime nanométrico. Chamei a este modelo "Modelo de exploração e práticas da nanomedicina", no qual apresento seis possíveis ramos do nanoregime em que há investigação em curso ou que é possível conduzir para a prática médica. O primeiro domínio é o da softrobótica e dos nanómetros. Neste subdomínio, os investigadores podem trabalhar na conceção, crescimento ou fabrico de pequenos robôs ou motores que possam ser facilmente introduzidos no corpo humano, no crânio ou em qualquer parte do corpo para curar, reparar ou matar vírus, bactérias, etc. Por exemplo, o nano-robô ou o nano-motor introduzido no corpo tem inteligência e capacidade de processamento para detetar e matar células cancerígenas. O segundo subcampo é a química molecular, frequentemente designada por química integrada ou química híbrida, em que a engenharia e a manipulação de átomos e moléculas têm lugar para criar estruturas nanomoleculares que podem ser utilizadas como diagnóstico e tratamento médico excelente e instantâneo. O terceiro segmento é o dos nanopós e nanopartículas, que são estruturas de dimensão zero e cada partícula minúscula actua como um comprimido ou uma cápsula para tratamento humano. O quarto domínio é o dos sistemas nano-electromecânicos (NEMS), que é a área de investigação e prática em que são fabricadas estruturas híbridas ou semicondutoras de baixa dimensão à escala 10^{-9}, que são como robôs móveis ou cirúrgicos automáticos ou robôs de diagnóstico com toque mecânico. O quinto subcampo, que será possível implementar num futuro próximo ou que raramente é utilizado na prática médica, é o diagnóstico e o tratamento utilizando pontos quânticos (QD), que são semicondutores de dimensão zero e muito úteis para detetar vários tipos de vírus e curar doenças relacionadas com a pele. O último subcampo é a biologia sintética, que é um dos vastos domínios de investigação com vários subdomínios. Na biologia sintética, os robôs biomédicos são projectados com recurso à engenharia de tecidos e de ADN para cirurgia médica, diagnóstico e fins medicinais.

Conclusão:

Nesta comunicação, tentei chamar a vossa atenção para todos os domínios de investigação possíveis no domínio das ciências médicas, da cirurgia e da medicina que utilizam o nanométodo com a ajuda do modelo "Nanomedicines explore and Practices". A minha intenção, com este parecer, não é aprofundar todos os domínios, mas sim orientar o leitor na escolha do domínio de investigação mais adequado para a prática médica no âmbito da nanociência, da nanorrobótica e da nanotecnologia.

Episódio catorze: Perspetiva da comunicação cérebro-cérebro, cérebro-humanoide e cérebro-coisas usando modelos de comunicação ciborgue e IoT

Resumo

A comunicação cérebro-cérebro, cérebro-humanoide e cérebro-coisas é a realidade futura que interliga todos os cérebros humanos, humanóides e organismos/coisas não vivos utilizando a IoT (Internet das Coisas), satélites, Bigdata e interfaces BCI de ciborgues em todo o mundo para estabelecer comunicação utilizando RFID (identificação por radiofrequência) e sinais virtuais baseados na neuromodulação de banda BCI (Brain Computer Interfaces). Quando isto for possível (investigação em curso) no mundo, ninguém comunicará fisicamente com a boca e terá a capacidade de estabelecer uma comunicação instantânea sem telemóveis e sem comunicações móveis em todo o mundo, utilizando diretamente a IoT com a superinteligência transmitida pelos servidores Bigdata disponíveis na IoT, utilizando a USN (Ubiquitous Sensing Network) e RFIDs. Esta mudança de paradigma transforma a raça humana no planeta Terra de uma civilização de Tipo 0 numa civilização tecnologicamente avançada de Tipo I ou Tipo II. Para compreender o que foi dito acima, pode considerar o exemplo do meu filme de sempre "Avatar". Viste a sincronização do cérebro humano com a neuromodulação a ser transmitida para a forma extraterrestre do Planeta Pandora com o sonho. Também viram todas as criaturas inteligentes, animais, pássaros, árvores e plantas interligadas entre si nesse planeta Pandora. Apresentei três modelos para vos dar uma ideia, designados por Modelo de Comunicação Cérebro-Cérebro (BBCM), Modelo de Comunicação Cérebro-Humanoide (Robótica) (BHCM) e Modelo de Comunicação Cérebro-Coisas (Todas as coisas vivas e não vivas) (BTCM).

Palavras-chave: BBCM, BHCM, BTCM, BCI, Humanoid, IoT, Bigdata, USN, **RFID,** Neuromodulação, Cyborg, Cybermatic.

Modelo de comunicação cérebro-a-cérebro (BBCM)

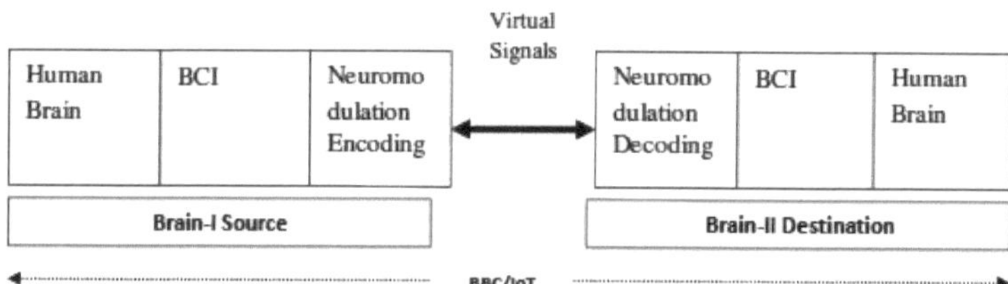

Fonte: Prof. Md. Sadique Shaikh

O modelo acima mostra como é possível estabelecer a comunicação cérebro a cérebro num futuro próximo. Aqui, dois ou mais cérebros podem mudar de fonte para destino, alternativamente, para comunicação e troca de dados/informações de um para outro cérebro. Todos os sinais dos neurónios do cérebro são transformados em informação utilizando a BCI e enviados para outro cérebro através da neuromodulação. Isto seria semelhante à modulação e desmodulação electrónicas normais, mas em vez de electrões, a informação é codificada e descodificada utilizando sinais modulados de cérebro para cérebro virtual. A comunicação cérebro-cérebro em campo próximo é estabelecida utilizando um transmissor e um recetor de baixa frequência, mas para estabelecer a comunicação cérebro-cérebro entre dois cérebros humanos remotos localizados em todo o mundo, precisamos de uma antena RFID e de uma IoT baseada em satélite.

Modelo de comunicação cérebro-humanoide (BHCM)

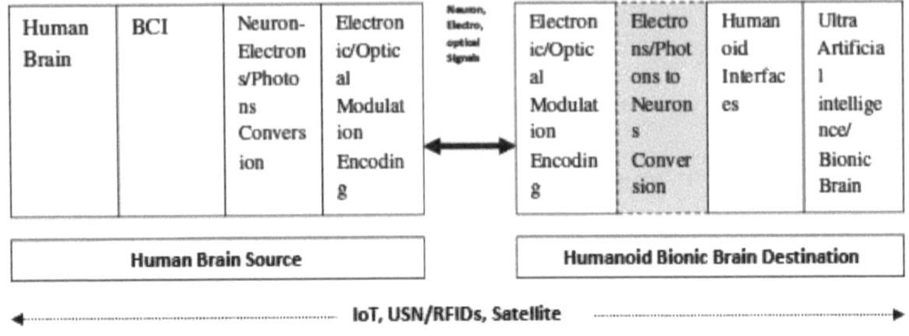

Fonte: Prof. Md. Sadique Shaikh

Este é o meu segundo modelo para mostrar a possibilidade futura de estabelecer comunicação entre o cérebro humano e o cérebro biónico dos robôs humanóides, utilizando requisitos adicionais para o lado do humanoide e para o lado humano. Uma vez que o processamento do humanoide se baseia em meios electrónicos ou ópticos, o sinal dos neurónios do cérebro é convertido em informação utilizando a BCI e a cibernética e a neuro-informação é convertida em sinais eléctricos ou ópticos equivalentes e depois alimentada por codificação de modulação. No lado do humanoide, o sinal é recebido e processado por interfaces humanóides e recebe um cérebro biónico baseado em inteligência ultra-artificial (UAI). Quando a comunicação do cérebro biónico humanoide com o cérebro humanoide é feita, o humanoide necessita da conversão de electrões/fotões em neurónios.

Modelo de comunicação do cérebro com as coisas (BTCM)

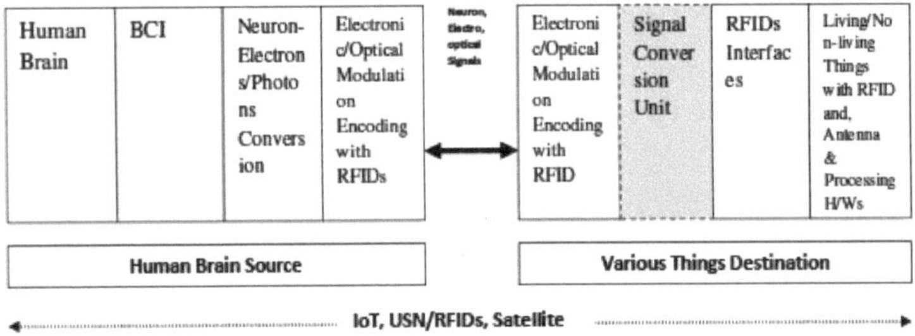

Fonte: Prof. Md. Sadique Shaikh

O meu último modelo mostrava como era possível a comunicação entre o cérebro humano e os seres vivos e não vivos. Neste caso, a explicação do lado do cérebro humano mantém-se igual à do lado da fonte do cérebro humano do BHCM, mas passa a considerar o destino como várias coisas. Assim, cada coisa tem o seu próprio RFID único para explorar e estabelecer comunicação a nível mundial com antenas de deteção e USN utilizando IoT, Bigdata e satélites. Aqui, depois/antes de codificar/decodificar como fonte/destino, precisamos de conceber unidades de condicionamento de sinal que estabilizem várias formas de sinais e enviar a interface RFID para converter o sinal enviado em processo por Coisas vivas/não vivas com RFID e, Antena e Processamento H/Ws.

Conclusão

Apresentei três modelos importantes, BBCM, BHCM e BTCM, para compreender quais são as formas de comunicação do futuro e como é que isso seria possível. Discuti com os modelos os padrões de comunicação cérebro-cérebro, cérebro-humanoide e cérebro-coisa. Também gostaria de referir que estes modelos podem ser hibridizados como comunicação Humanoid-to-Things, Things-to-Things e Humanoid-to- Humanoid, utilizando formas polimórficas de intercâmbio entre os lados de origem e de destino destes três modelos.

Episódio 15: Inteligência de Mudança Auto-Dimensional (SDI) Modelação para aplicações aeroespaciais

Resumo:

O significado do título pode ser bastante interessante, bem como bastante interessante para todos após a leitura. O termo SDI foi cunhado por mim pela primeira vez e é a minha hipótese de vos mostrar quais são as possibilidades no futuro domínio aeroespacial e como é que isso vai acontecer, qual é o ponto de viragem em que a indústria aeroespacial da Terra parece ser como as tecnologias alienígenas (Assumption). Agora, o que pretendo com esta comunicação gostaria de compreender com um modelo intrigante.

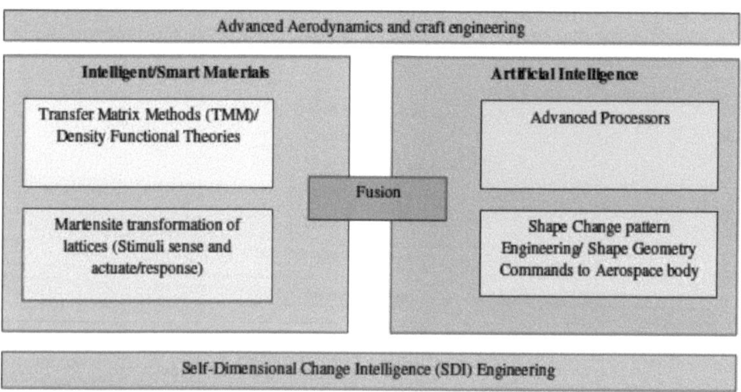

Fonte: **Prof. Md. Sadique Shaikh**

Antes de continuar a explicar o modelo, gostaria de definir os termos SDI como "Self-Dimensional Change Intelligence (SDI) é uma engenharia híbrida de materiais inteligentes com controlo adicional de Inteligência Artificial para alterar as dimensões/coordenadas geométricas das embarcações aeroespaciais". O material inteligente pode ser definido como "a gama e a variedade de materiais que sentem os próprios estímulos físicos/espaciais/ambientais e, após a sensação, actuam de acordo com a geometria controlada pela IA, por exemplo, polímeros condutores, ligas com memória de forma (SMA). No modelo acima, mostrei como isto seria possível num futuro próximo, dividindo o modelo em dois segmentos: Materiais Inteligentes/Smart e Inteligência Artificial, com duas linhas de conceção paralelas: Aerodinâmica Avançada e Engenharia de Embarcações e Engenharia de Inteligência de Mudança Auto-Dimensional (SDI). Estas duas tecnologias devem ser utilizadas em cascata utilizando estas duas linhas de conceção. O primeiro segmento baseia-se na engenharia genuína da ciência dos materiais, como as ligas com memória de forma (SMA), os materiais à base de cristais fotónicos, os materiais de mistura de semicondutores de transição, os materiais revestidos de polímeros condutores, etc. Estes materiais não só detectam e actuam, como também possuem mecanismos de auto-replicação e auto-cura. Este segmento é ainda distribuído como Métodos de Matriz de Transferência (TMM)/Teorias de Funcionalidade de Densidade e transformação de redes de martensite (estímulos, sentido e atuação/resposta), em que o crescimento dos materiais se processa de acordo com a natureza, quer se trate de materiais fotónicos ou electrónicos. Para regularizar, processar, monitorizar e acionar a SDI, o segundo segmento seria apoiado pela Inteligência Artificial, que estabiliza, canaliza e controla com precisão os estímulos de que dependem a sensação e a atuação dos materiais e a forma como estes têm de se transformar de uma para outra forma utilizando a SDI. Esta unidade tem ainda duas partes importantes: o processador avançado para a geração, comando, processo e controlo de padrões SDI com gestão do tempo e das condições e, em segundo lugar, a engenharia de padrões de mudança de forma/comandos de geometria de forma para o corpo aeroespacial para gerar e disponibilizar dados dimensionais SDI ao processador avançado para execução, por exemplo, para embarcações aeroespaciais de alta velocidade do tipo disco que giram a alta velocidade em comparação com o voo tradicional em linha, para coordenadas SDI curvilíneas ou cartesianas ou cilíndricas que melhor se adaptam também tomam essa decisão e disponibilizam-na ao processador.

Palavras-chave: SDI, SMA, Aerodinâmica, Engenharia aeroespacial

Agradecimentos

Gostaria de agradecer este trabalho à minha querida esposa Safeena Khan, aos meus anjos Md. Nameer Shaikh, Md. Shadaan Shaikh e ao meu grande amigo TanveerSayyed.

Episódio dezasseis: Insight olha para a robótica suave (contínua)

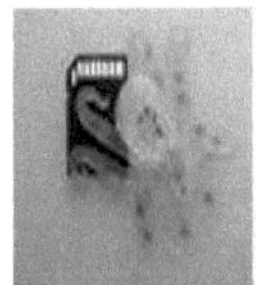

A robótica macia é um novo subcampo emergente da robótica que é muito útil na medicina, na indústria, na exploração espacial, na exploração do mar profundo, na nano-robótica e em muitas outras aplicações semelhantes. A principal vantagem dos robôs macios em comparação com os robôs rígidos é a sua excelente flexibilidade e adaptabilidade para realizar tarefas. Antes de avançar, gostaria de começar por referir os robôs macios ou contínuos: **"Os robôs macios são robôs de formas pequenas, médias e grandes, biológicas ou não biológicas, constituídos por materiais ultra macios e flexíveis, cujos materiais são concebidos com recurso à mecânica e à cinemática contínuas".** A grande diferença entre os robôs rígidos convencionais e os robôs macios é que, na robótica rígida, a inteligência é concebida com recurso à IA apenas para controlar o corpo do robô, mas na robótica macia os materiais com que os robôs se tornam inteligentes e têm inteligência, sensações e acções. Por conseguinte, os robôs macios também podem aprender com o ambiente circundante em modo autónomo e têm maior flexibilidade para se agarrarem, treparem, moverem, defenderem, etc. Porque é que isto acontece? Esta é uma pergunta que não quer calar, mas eu respondo porque é que isto acontece. Porque a Soft Robotics é construída com materiais altamente flexíveis, semelhantes aos que se encontram nos organismos vivos e nas criaturas do planeta Terra. Por conseguinte, a robótica macia é construída utilizando a morfologia dos materiais e a mecânica do continuum, uma mecânica que se ocupa da análise da cinemática e do comportamento mecânico dos materiais modelados como massa contínua em vez de partículas discretas, pelo que a robótica macia é também designada **por "robótica do continuum"**. Estes robôs são construídos com materiais biológicos, materiais biofotónicos, polímeros condutores, materiais bioquímicos, nanomateriais, nanocompósitos, biologia sintética, ligas com memória de forma (SMA) e materiais inteligentes, DLC, carbono com elevado módulo jovem, etc. Em conclusão, é melhor dizer que os materiais inteligentes são os blocos de construção dos robôs macios/contínuos, onde os materiais inteligentes podem ser definidos como "Materiais que têm capacidade para sentir alguns estímulos ambientais, processar e atuar (resposta) de acordo com a sensação". Assim, os robôs macios necessitam de menos IA eletrónica do que os robôs rígidos e são menos nocivos para o ser humano e para o ambiente, além de imitarem e aprenderem a mover-se e a adaptarem-se rapidamente ao ambiente circundante. Nas figuras acima, apresentei alguns robôs macios bem sucedidos, como o Octobot, o primeiro robô macio ultra macio e flexível do mundo, o peixe-robô macio, etc.

Conclusão:

A robótica macia ou contínua é um novo subcampo da tecnologia robótica em que é necessário efetuar muita investigação para o elevar ao nível seguinte. Este ramo da robótica tem uma importância e utilidade diferentes das convencionais e é muito útil no espaço profundo, na medicina, na indústria e na investigação no mar profundo.

Agradecimentos

Gostaria de agradecer este trabalho à minha querida esposa Safeena Khan, aos meus anjos Md. Nameer Shaikh, Md. Shadaan Shaikh e ao meu grande amigo TanveerSayyed.

Episódio Dezassete: Perspetiva da modelação da Total Inter-planets Inteligência Aviónica Total (TIAI) para a engenharia de naves espaciais

Resumo

Atualmente, a raça humana está a expandir a investigação no espaço utilizando calibração precisa de alta tecnologia, utilizando veículos espaciais e naves espaciais para os alcançar em planetas como Marte e Lua ou perto da superfície de planetas como Saturno e Titã, para explorar formas de vida, inteligência semelhante à humana, vidas alienígenas, água e terra, como a atmosfera e a civilização da inteligência no espaço profundo, explorando estrelas e planetas. A preocupação desta palestra é mostrar como podemos modelar a auto-decisão e a auto-multiplicação da inteligência artificial, bem como o apoio de uma nave espacial baseada em robôs para uma elevada sustentabilidade na investigação do espaço profundo e dos planetas no universo, utilizando o conceito "Total Inter-planets Avionics Intelligence (TIAI)".

Palavras-chave: Aviónica, engenharia de naves espaciais, sistema de inteligência múltipla, inteligência aviónica total interplanetária, TIAI.

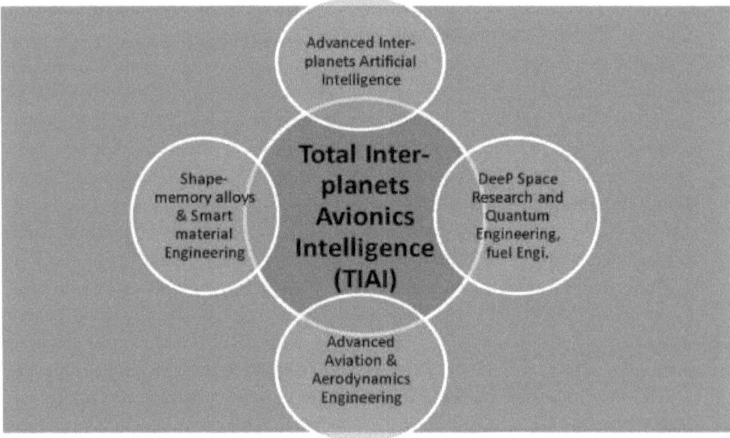

Fonte: Prof. (Dr.) Md. Sadique Shaikh

Introdução

No modelo acima, descrevi actividades de engenharia fundamentais para implementar a "Total Interplanets Avionics Intelligence (TIAI)" em naves espaciais, tal como para implementar tecnologias de ficção científica e extraterrestres, como caraterísticas reais em futuros objectos de aerodinâmica e dinâmica espacial. Parti do princípio de que, para o fazer, precisamos de fazer investigação, análise, conceção e engenharia genuínas com formas e caraterísticas geométricas de alta tecnologia dos objectos voadores com materiais inteligentes avançados e, em crédito do que foi mencionado, distribuí a minha modelação para a TIAI em quatro domínios de submodelação como "Inteligência Artificial Interplanetária Avançada, Investigação do Espaço Profundo e Engenharia Quântica e Engenharia de Combustível". Engenharia Aeronáutica e Aerodinâmica Avançada e Ligas com Memória de Forma (SMAs) e Engenharia de Materiais Inteligentes". Garanto que, quando formos bem sucedidos em todos estes subdomínios, poderemos construir uma inteligência extraterritorial e a raça humana começará a passar da civilização de tipo 0 para a de tipo 1 e da de tipo 1 para a de tipo 2 num futuro próximo, com objectos voadores TIAI operacionais, utilizando a radiação solar, o hélio, o néon, a matéria negra e a antimatéria como combustíveis energéticos, com viagens espaciais quase à velocidade da luz. No modelo que apresentei, precisamos, no máximo, de efetuar análises e engenharia para construir uma Inteligência Artificial Avançada Interplanetária, explorando climas, combustíveis energéticos, natureza, formas de vida, formas de vida de inteligência extraterrestre de planetas e estrelas próximos, para conceber objectos voadores-alvo que sustentem, comuniquem e interpretem outras formas de inteligência. O próximo aspeto essencial é a investigação sobre o espaço profundo e a engenharia quântica e de combustível para viajar no espaço e no tempo e para traçar, navegar e guiar o caminho espacial do planeta-alvo, a fim de construir uma aviónica em naves espaciais com controlo de velocidade, deteção de trajectórias, capacidade de mudança de dimensão própria e utilização de recursos espaciais como combustível energético. O próximo nível de engenharia do futuro é a engenharia avançada de aviação e aerodinâmica, utilizando SMAs e materiais espaciais inteligentes com inteligência autodimensional para detetar, atuar e controlar o corpo de objectos voadores em viagens espaciais. Outra consideração importante são as ligas com memória de forma (SMAs) e a engenharia de materiais inteligentes, como já referi, para construir naves espaciais de autocontrolo e atuação sensorial, utilizando os recursos espaciais como combustível.

Conclusão

Na comunicação acima exponho a minha opinião sobre a engenharia das futuras naves espaciais com a ajuda do termo recentemente cunhado "Total Inter-planets Avionics Intelligence (TIAI)", com a ajuda de um modelo e de quatro domínios de submodelação do mesmo. A intenção de cunhar o termo TIAI é que todos os futuros objectos voadores e a sua inteligência corporal/geométrica sejam apenas concebidos por humanos e que todas as actividades sejam realizadas apenas por naves espaciais em modo automático.

Episódio 18: Modelação da inalação baseada em I.A. para o desenvolvimento de sistemas avançados de Desenvolvimento de Sistemas Avançados de Suporte à Vida

Resumo

A presente peça de ideia exibe para desviar a atenção para o Sistema de Apoio à Vida (LSS) automatizado de alta precisão em vez de manual, utilizando dispositivos de inteligência médica durante o tratamento e diagnóstico do paciente, onde o Ventilador, inalador e controlo respiratório é o fator mais importante durante a operação, cirurgias e noutras situações de emergência médica para manter a saturação adequada nos pulmões do paciente para sustentar as suas vidas. Este trabalho dá-nos uma ideia de como podemos conceber um sistema de inalação baseado em I.A. para o mesmo.

Palavras-chave

Sistema de inalação baseado em I.A., sistema de suporte de vida baseado em I.A., robótica médica, robôs cirúrgicos.

Modelação

O modelo que se segue ilustra a forma como se pode conceber e implementar um sistema de inalação baseado na inteligência artificial para manter a saturação do sistema respiratório humano. Podemos até rotular o sistema como pulmões baseados na inteligência artificial ou sistema de apoio aos pulmões ou sistema de apoio ao oxigénio ou sistema de apoio à respiração, mas o objetivo permanece o mesmo.

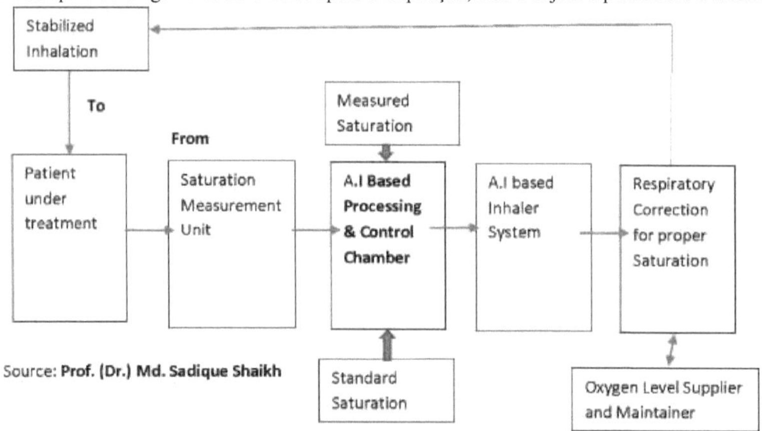

Os parâmetros respiratórios e de entrada do paciente são enviados para a unidade de medição da saturação, que deve ser altamente calibrada e comparar a saturação medida com a saturação padrão para encontrar o desvio para deteção e correção de erros, a partir da qual a quantidade física é enviada para a câmara de processamento e controlo baseada na I.A., com controlo de tempo para apoio à decisão de inalação, com todas as análises e diagnósticos especializados que geram um relatório respiratório eletrónico com os sinais de temporização, processamento e controlo necessários para serem seguidos e enviados para o sistema inalador baseado na I.A. para decidir e fixar parâmetros de precisão para a respiração. Este relatório é gerado pela câmara de processamento e controlo baseada na I.A. com base na saturação real e nos factos e valores de saturação necessários, sendo posteriormente transmitido para a unidade de correção respiratória para uma saturação adequada, que é ligada em cascata ao fornecedor e ao mantenedor do nível de oxigénio e que funciona de forma integrada. Finalmente, o paciente recebe um feedback estável da inalação para sobreviver em condições críticas.

Limitação

A limitação do modelo proposto é a necessidade de um processador Bionic ou DeepMind com capacidade de processamento de alta precisão para desenvolver um relatório eletrónico de inteligência médica. Por conseguinte, o trabalho de investigação proposto também depende essencialmente do êxito dos processadores Bionic e DeepMind e, após o seu êxito, da forma tecnológica mencionada. Desenvolver e implementar um sistema de apoio à vida tão avançado seria uma grande vitória da ciência médica.

Conclusão

Este trabalho de investigação dá-lhe uma ideia de como conceber e implementar um sistema de inalação preciso baseado na inteligência artificial , que é um dos requisitos mais promissores, necessários e de bem-estar social para salvar a vida dos doentes com um excelente sistema de apoio à vida (LSS).

Reconhecimento

Gostaria de agradecer profundamente este trabalho a Safeena Shaikh, aos meus queridos filhos Md. Nameer Shaikh e Md. Shadaan Shaikh. Quero igualmente agradecer este trabalho ao meu amigo eterno e coautor deste trabalho, TanveerSayyed, e à minha querida família.

Referências

1. Acordo NSF/EC sobre Cooperação em Tecnologias da Informação - Workshops de Investigação Estratégica IST-1999-12077
2. Md. Sadique Shaikh (2013) Análise e modelação de I.A. forte para engenharia de cérebro BIONIC para aplicação de robótica humanoide. Jornal Americano de Sistema Embarcado e Aplicações, Publicado pelo Grupo de Publicação Científica; 1(2): 27-36.
3. Md. Sadique Shaikh (2017) Ultra Inteligência Artificial (UAI): Redefinir a IA para uma nova dimensão de investigação. Advanced Robotics & Automation (ARA), OMICS International, Londres; 6(2) 1-3.
4. Md. Sadique Shaikh (2017) Engenharia Fundamental para o Interface Cérebro-Computador (BCI): Iniciativa para Dispositivos Operacionais de Neurónio-Comando. Biologia Computacional e Bioinformática (CBB), SciencePG; 5(4): 50-56.
5. Md. Sadique Shaikh (2018) Definir a implementação da inteligência ultra-artificial (UAI) usando a visão da engenharia cerebral biónica (biológica-como eletrónica). MOJ App Bio Biomech; 2(2): 127128.
6. Md Sadique Shaikh. Insight Artificial to Cyborg Intelligence Modeling. Arch IndEngg: 1(1): 1- 5.

Episódio dezanove: Negócios em Inteligência Artificial

Resumo

Não há necessidade de compreender o que é a Inteligência Artificial com a sua relevância na expansão e cobertura quotidiana em todas as necessidades e aplicações da vida e como está a mudar todas as facetas e cenários no planeta Terra e pode estar no espaço num futuro próximo, o que é em si mesmo iniciativas de arranque agora. Por isso, escrevi este artigo com a intenção de saber quais são as possibilidades, num futuro próximo, para os âmbitos de negócio, as exigências do mercado, as necessidades dos clientes/consumidores, as formas de emprego futuras, as competências para a sobrevivência e os empregos futuros, sendo, em resumo, um dos cientistas, profissionais, educadores e oradores de sucesso a nível mundial no domínio da Inteligência Artificial, que cunhou vários novos termos de investigação futura em IA.

Palavras-chave

Negócios futuros, I.A. avançada, Robótica espacial, I.A. virtual, DeepMind, Cérebro biónico, Robótica médica, Humanoide, Robótica virtual, Dispositivos de inteligência.

Modelação

Há muitos outros domínios para trabalhar e comercializar no domínio da inteligência artificial, mas escolho apenas alguns dos mais promissores agentes de mudança e fortes intervenientes no mercado no meu modelo hexagonal abaixo. São eles: Biónica/Mente Profunda e Humanoide, Robótica Espacial e Ciborgues, Robótica de Consumo e Dispositivos/Assistência de eco PNL, Robótica Militar e de Defesa, Robótica Médica e Nano Robótica e Biónica, Mente Profunda e Humanoide.

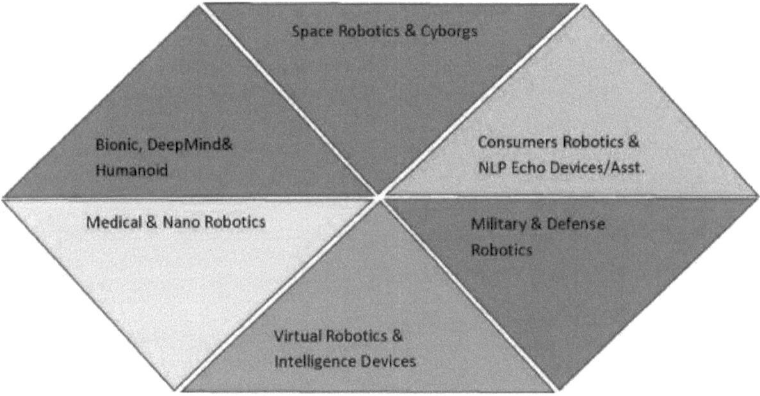

Fig: A.I Market Hexagonal. **Source:** Dr. Sadique Shaikh

O domínio com maior âmbito de mercado é o cérebro biónico (esquemas e processamento neuronais semelhantes aos do cérebro humano), a aprendizagem DeepMind e a engenharia/conceção, fabrico e venda de robôs humanóides (semelhantes aos humanos), bem como as respectivas competências profissionais e empregos para futuras vagas de emprego. Igual âmbito e atenção para a robótica espacial e os dispositivos ciborgues/elementos humanos, que já iniciaram a viagem da humanidade e, em breve, as tecnologias estão prestes a chegar às explorações da Lua e de Marte, e têm um grande mercado e, por conseguinte, futuros empregos no mesmo. A robótica de consumo, os dispositivos/assistências de eco PNL também têm oportunidades de negócio e de emprego sustentáveis no futuro, após o sucesso do Google Assistant, do Amazon Alexa, etc., e de vários telemóveis inteligentes e dispositivos/produtos ligados à Internet das Coisas (IoT) para tornar a vida dos seres humanos mais fácil, confortável e melhor a cada dia, como cozinhas inteligentes, veículos inteligentes, telemóveis/dispositivos inteligentes, casas inteligentes, aparelhos de consumo, etc. A I.A. tem também uma grande expansão no domínio dos robôs militares e de defesa para títulos de topo de gama, salvando vidas de soldados, bem como robôs médicos, robôs cirúrgicos, nanorobôs para diagnósticos no interior do corpo, com um grande mercado e opções de emprego. Nesta corrida, o mesmo âmbito, atenção e mercado para desenvolver o cérebro humano como inteligência de software chamada humanoide virtual, que seria independente da plataforma de hardware em comparação com a inteligência do Windows, IOS, MAC e Android, e empresas como a Google, Apple, Microsoft e Amazon trabalharão nesse sentido, o que leva a futuras competências profissionais e mercado.

Conclusão

As futuras profissões, os futuros empregos e as futuras competências baseiam-se apenas em duas tecnologias fortes, a Inteligência Artificial (I.A.) e a Internet das Coisas (IoT), que ligam todos os seres humanos, objectos, elementos e coisas vivos e não vivos, baseados na Inteligência Natural e na Inteligência Artificial, para estabelecer comunicação, comandar e processar a realização de tarefas.

Referências

1. Acordo NSF/EC sobre Cooperação em Tecnologias da Informação - Workshops de Investigação Estratégica IST-1999-12077

2. Md. Sadique Shaikh (2013) Análise e modelação de I.A. forte para engenharia de cérebro BIONIC para aplicação de robótica humanoide. Jornal Americano de Sistema Embarcado e Aplicações, Publicado pelo Grupo de Publicação Científica; 1(2): 27-36.

3. Md. Sadique Shaikh (2017) Ultra Inteligência Artificial (UAI): Redefinir a IA para uma nova dimensão de investigação. Advanced Robotics & Automation (ARA), OMICS International, Londres; 6(2) 1-3.

4. Md. Sadique Shaikh (2017) Engenharia Fundamental para o Interface Cérebro-Computador (BCI): Iniciativa para Dispositivos Operacionais de Neurónio-Comando. Biologia Computacional e Bioinformática (CBB), SciencePG; 5(4): 50-56.

5. Md. Sadique Shaikh (2018) Definição da implementação da inteligência ultra artificial (UAI) usando a visão da engenharia cerebral biónica (biológica-como eletrónica). MOJ App Bio Biomech; 2(2): 127128.

6. Md Sadique Shaikh. Insight Artificial to Cyborg Intelligence Modeling. Arch IndEngg: 1(1): 1- 5.

PARTE III

Vigésimo episódio: Inteligência Artificial: Uma jogada inteligente de Humanidade para passar da Civilização Tipo 0 para a Civilização Tipo 1/2 no Universo

Resumo

Defini a Inteligência Artificial de forma abstrata, mas muito precisa, como sendo as suas capacidades de processamento semelhantes às do cérebro humano, imitando em chips electrónicos o que era possível ao cérebro humano nas últimas décadas, no presente e no futuro, com todas as potencialidades. De acordo com o meu consentimento, vejo todos os dias o crescimento da Inteligência Artificial, que está prestes a ultrapassar em 2030 a Inteligência Natural Humana, com auto-controlo, auto-pensamento, auto-programação e atualização, auto-tomada de decisões e auto-comando, o que também seria prejudicial para a civilização humana, mas, em contrapartida, também seria útil para mudar se a raça humana fosse amiga do homem A.I, a raça humana do Tipo-0 para a civilização do Tipo-1/2 com um equilíbrio perfeito entre o Homem e as Máquinas para colónias espaciais, explorações espaciais, fontes de energia alternativas do espaço, transportes de ultra-alta velocidade, colonização de outros planetas como Marte e a Lua, imortalidade da vida humana, vida longa, menos/nenhum efeito de envelhecimento no cérebro/corpo humano, controlo de todas as doenças, cura rápida e recuperação de ferimentos/feridas, etc., tal como discutido nesta comunicação.

Palavra-chave

Raça humana, civilização Type-0/1/2, I.A. avançada, humanoide, DeepMind, robótica espacial, cérebro biónico, UAI, SAI, ciborgue.

Introdução

A civilização de tipo 0 é uma categoria em que nos encontramos atualmente, mas em breve, num futuro próximo, seremos capazes de mudar a nossa civilização humana de civilização de tipo 0 para civilização de tipo 1/2. A civilização de Tipo 0 é a civilização da inteligência no universo em que todas as formas de vida inteligentes, criaturas, vivem apenas limitadas ao seu planeta no universo, geram e utilizam todas as formas de energia a partir de fontes convencionais disponíveis, como combustíveis, químicos, petróleo, gases e eletricidade, em suma, utilizam todas as fontes de energia disponíveis no seu planeta e não conseguem obter nenhuma do espaço e do universo, onde agora a humanidade mudou ligeiramente para produzir e utilizar a energia da estrela energética Sol, mas ainda é limitada. A velocidade de transporte e o processamento da inteligência da humanidade são lentos ou medianos, as tecnologias de comunicação apenas se limitam ao planeta Terra e às estações espaciais e satélites próximos e não são tão excelentes para o espaço profundo e para as vias lácteas, e muitas vezes as barreiras de comunicação também não são instantâneas. Mas tudo isto está a melhorar de dia para dia com a ajuda da Inteligência Artificial e da Internet das Coisas, tal como as tecnologias de comunicação, que em breve transformarão a humanidade numa civilização de Tipo 1, com DeepMind, Cérebro Biónico, Humanóides, coisas inteligentes e engenhocas, Super A.I, Ultra A.I, etc. Quando a Humanidade entra na civilização Tipo 1 ou depois na civilização Tipo 2, é capaz de comunicar instantaneamente não só com o planeta Terra mas também com outros planetas do universo (se existir vida inteligente), é capaz de colonizar outros planetas e o espaço, é capaz de explorar e comunicar com vidas inteligentes extraterrestres do universo, é capaz de explorar, gerar e utilizar 90% das formas de energia de fontes de energia do espaço profundo, de estrelas energéticas, luas, hélio, néon, anti-matéria, matéria escura, buracos brancos e buracos negros. Também é possível, utilizando sistemas de comunicação avançados e Inteligência Artificial, viajar no tempo para a humanidade e poder viajar para trás e para a frente em anos-luz, do presente para o passado e do presente para o futuro, com o espaço-tempo, como uma máquina do tempo ou teletransporte. Usando a I.A., os humanos híbridos e os ciborgues não precisam de usar as nossas línguas convencionais e, em vez disso, é possível a comunicação direta entre cérebros através de ligações entre neurónios, bem como a leitura/escrita de dados/pensamentos/informações/pensamentos/emoções/relações/sentimentos de um cérebro para outro com transferência a alta velocidade. Utilizando a I.A. avançada, todos os objectos vivos e não vivos, elementos, coisas, gadgets, dispositivos, todas as criaturas com I.A. estão disponíveis e são capazes de comunicar em todo o planeta Terra e no espaço, utilizando também a Internet das Coisas (IoT), chips de I.A., USN e RFIDs. Começarão as comunicações e as relações entre humanos e extraterrestres. Naves espaciais de velocidade ultra elevada, naves espaciais, drones e vaivéns serão concebidos para viagens espaciais e para alcançar e colonizar outros planetas com transporte espacial ou teletransporte. As vidas humanas tornar-se-ão imortais através de cirurgias robóticas, diagnósticos, operações, implantes de órgãos baseados em I.A., impressão e substituição de órgãos humanos, inteligência ciborgue com tecnologias de auto-diagnóstico, auto-cura e auto-recuperação de lesões/feridas. Tudo isto é possível graças à IA avançada, à IdC, às tecnologias de servidor de bases de dados dinâmicas em linha e as provas de sucesso futuro são exemplos vivos do estado atual da IA, como a inteligência ultra-artificial, o cérebro biónico, o humanoide, a super-IA, a IA forte, a aprendizagem DeepMind, a robótica espacial, a robótica médica, a robótica de navegação, a PNL, a visão artificial e a robótica virtual, a realidade virtual e a realidade aumentada.

Introdução às civilizações

Chegámos a um ponto de viragem na sociedade. De acordo com o famoso físico teórico MichioKaku, os próximos 100 anos de ciência determinarão se pereceremos ou prosperaremos. Continuaremos a ser uma civilização de Tipo 0, ou avançaremos e faremos o nosso caminho para as estrelas?

Os especialistas afirmam que, à medida que uma civilização cresce e se torna mais avançada, as suas necessidades energéticas aumentam rapidamente devido ao crescimento da sua população e às necessidades energéticas das suas várias máquinas. Com isto em mente, a escala de Kardashev foi desenvolvida como uma forma de medir o avanço tecnológico de uma civilização com base na quantidade de energia utilizável que tem à sua disposição (originalmente, esta estava apenas ligada à energia disponível para as comunicações, mas desde então foi alargada).

A escala de Kardashev é um método para medir o nível de avanço tecnológico de uma civilização com base na quantidade de energia que é capaz de utilizar. A medida foi proposta pelo astrónomo soviético Nikolai Kardashev em 1964. A escala tem três categorias designadas:

Uma civilização de Tipo I - também chamada **civilização planetária - pode** usar e armazenar toda a energia disponível no seu planeta.

Uma civilização planetária ou de Tipo I é capaz de consumir toda a energia recebida da sua estrela vizinha, ou seja, cerca de 1017 watts para a Terra.

Uma civilização planetária ou civilização global é uma civilização de Tipo I na escala de Kardashev, com níveis de consumo de energia próximos dos de uma civilização terrestre contemporânea com uma capacidade energética equivalente à insolação solar na Terra (entre 1016 e 1017 watts). No aspeto social - a sociedade mundial, global, cada vez mais interligada, internacional e altamente tecnológica.

A designação de Tipo I é dada às espécies que conseguiram aproveitar toda a energia disponível numa estrela vizinha, recolhendo-a e armazenando-a para satisfazer as necessidades energéticas de uma população em crescimento. Isto significa que precisaríamos de aumentar a nossa atual produção de energia mais de 100.000 vezes para atingir este estatuto. No entanto, ser capaz de aproveitar toda a energia da Terra significaria também que poderíamos ter controlo sobre todas as forças naturais. Os seres humanos poderiam controlar os vulcões, o clima e até os terramotos! (Pelo menos, é essa a ideia.) É difícil acreditar neste tipo de proezas, mas comparadas com os avanços que ainda podem estar para vir, são apenas níveis básicos e primitivos de controlo (não é absolutamente nada comparado com as capacidades das sociedades com classificações mais elevadas).

Uma civilização de Tipo II - também chamada **civilização estelar - pode** utilizar e controlar a energia à escala do seu sistema solar.

uma civilização de Tipo II - pode aproveitar o poder de toda a sua estrela (não apenas transformando a luz da estrela em energia, mas controlando a estrela). Foram propostos vários métodos para o conseguir. O mais popular deles é a hipotética "Esfera de Dyson". Este dispositivo, se lhe quisermos chamar assim, englobaria cada centímetro da estrela, recolhendo a maior parte (se não toda) da sua energia e transferindo-a para um planeta para uso posterior. Alternativamente, se a energia de fusão (o mecanismo que alimenta as estrelas) tivesse sido dominada pela raça, um reator a uma escala verdadeiramente imensa poderia ser usado para satisfazer as suas necessidades. Os gigantes gasosos próximos podem ser utilizados pelo seu hidrogénio, lentamente drenado de vida por um reator em órbita.

O que é que esta quantidade de energia significaria para uma espécie? Bem, nada conhecido pela ciência poderia acabar com uma civilização de Tipo II. Por exemplo, se os humanos sobrevivessem o tempo suficiente para atingir este estatuto, e um objeto do tamanho de uma lua entrasse no nosso sistema solar em rota de colisão com o nosso pequeno planeta azul - teríamos a capacidade de o vaporizar até desaparecer. Ou, se tivéssemos tempo, poderíamos mover o nosso planeta para fora do caminho, evitando-o completamente. Mas digamos que não queríamos mover a Terra... há outras opções? Bem, sim, porque teríamos a capacidade de mover Júpiter, ou outro planeta à nossa escolha, para o caminho - muito fixe, não é?

Uma civilização de Tipo III - também chamada **civilização galáctica - pode** controlar a energia à escala de toda a sua galáxia hospedeira.

Tipo III, em que uma espécie se torna então um viajante galáctico com conhecimento de tudo o que tem a ver com energia, resultando na sua transformação numa raça superior. No que respeita aos humanos, centenas de milhares de anos de evolução - tanto biológica como mecânica - podem fazer com que os habitantes desta civilização de tipo III sejam incrivelmente diferentes da raça humana tal como a conhecemos. Estes podem ser ciborgues (ou organismos cibernéticos, seres tanto biológicos como robóticos), sendo os descendentes dos humanos normais uma subespécie entre a sociedade agora altamente avançada. Estes humanos totalmente biológicos seriam provavelmente vistos como deficientes, inferiores ou não evoluídos pelos seus homólogos cibernéticos.

Nesta fase, teríamos desenvolvido colónias de robôs capazes de se "auto-replicarem"; a sua população pode aumentar para milhões à medida que se espalham pela galáxia, colonizando estrela após estrela. E estes seres poderiam construir Esferas de Dyson para encapsular cada um deles, criando uma enorme rede que transportaria energia de volta ao planeta natal. Mas estender-se pela galáxia de tal forma enfrentaria vários problemas; nomeadamente, a espécie seria limitada pelas leis da física. Particularmente, a viagem à velocidade da luz. Ou seja, a não ser que desenvolvam um motor warp funcional, ou que usem essa imaculada reserva de energia para dominar o teletransporte por buracos de minhoca (duas coisas que permanecem teóricas por enquanto), só podem ir até certo ponto.

A escala é hipotética e diz respeito ao consumo de energia numa escala cósmica. Desde então, foram propostas várias extensões da escala, incluindo uma gama mais alargada de níveis de potência (tipos 0, IV a VI) e a utilização de outras métricas para além da potência pura.

Kardashev acreditava que uma civilização de Tipo IV era "demasiado" avançada e não ia além do Tipo III na sua escala. Ele pensava que, certamente, esta seria a extensão da capacidade de qualquer espécie. Muitos pensam assim, mas alguns acreditam que há um outro nível que pode ser alcançado. (As civilizações do Tipo IV seriam quase capazes de aproveitar o conteúdo energético de todo o universo e, com isso, poderiam atravessar a expansão acelerada do espaço (além disso, raças avançadas destas espécies podem viver dentro de buracos negros supermassivos). Para os métodos anteriores de geração de energia, este tipo de proezas é considerado impossível. Uma civilização de Tipo IV teria de explorar fontes de energia desconhecidas para nós, utilizando leis da física estranhas, ou atualmente desconhecidas.

Tipo V. Sim, o Tipo V pode ser o próximo avanço possível para uma tal civilização. Aqui os seres seriam como deuses, tendo o conhecimento para manipular o universo como quiserem. Agora, como eu disse, os humanos estão muito, muito longe de alcançar algo assim. Mas isso não quer dizer que não possa ser alcançado, desde que cuidemos da Terra e uns dos outros. Para isso, o primeiro passo é preservar a nossa pequena casa, extinguir a guerra e continuar a apoiar os avanços e as descobertas científicas.

Conclusão

A Inteligência Artificial não é apenas a fonte para tornar a vida da humanidade avançada, rápida, precisa, confortável, virtual e instantânea, mas também nos ajuda a mudar a nossa identidade neste Universo, mudando-nos tecnologicamente do Tipo-0 para o Tipo-I (civilização planetária), Tipo-II (civilização estelar), Tipo-III (civilização galáctica) e assim por diante. Este trabalho dá-nos uma ideia lúcida de como a I.A. é vital para a Humanidade e de como a civilização vai avançar num futuro próximo com as investigações de nível seguinte da I.A.

Referências

1. Acordo NSF/EC sobre Cooperação em Tecnologias da Informação - Workshops de Investigação Estratégica IST-1999-12077

2. Md. Sadique Shaikh (2013) Análise e modelação de I.A. forte para engenharia de cérebro BIONIC para aplicação de robótica humanoide. Jornal Americano de Sistema Embarcado e Aplicações, Publicado pelo Grupo de Publicação Científica; 1(2): 27-36.

3. Md. Sadique Shaikh (2017) Ultra Inteligência Artificial (UAI): Redefinir a IA para uma nova dimensão de investigação. Advanced Robotics & Automation (ARA), OMICS International, Londres; 6(2) 1-3.

4. Md. Sadique Shaikh (2017) Engenharia Fundamental para o Interface Cérebro-Computador (BCI): Iniciativa para Dispositivos Operacionais de Neurónio-Comando. Biologia Computacional e Bioinformática (CBB), SciencePG; 5(4): 50-56.

5. Md. Sadique Shaikh (2018) Definição da implementação da inteligência ultra artificial (UAI) utilizando a engenharia do cérebro biónico (biológica-like-eletrónica). MOJ App Bio Biomech; 2(2): 127128.

6. Md Sadique Shaikh. Insight Artificial to Cyborg Intelligence Modeling. Arch IndEngg: 1(1): 1- 5.

Episódio Vinte e Um: Definindo a Inteligência Artificial Quântica (Q.A.I)

Resumo

Como já sabíamos, a Inteligência Artificial (I.A.) é uma imitação da Inteligência Natural (I.N.) do Cérebro Humano em chips de silício, com todo o processamento de inteligência semelhante e possível para o cérebro humano, com auto-decisões, auto-controlo, auto-programas, auto-pensamento e gestão do tempo. Devido ao avanço da I.A., todos os dias a Humanidade vive de forma confortável, rápida, inteligente e bem sucedida e as coisas que pareciam impossíveis começaram a tornar-se possíveis do passado para o presente em todos os sectores da vida. Agora, concentremos a nossa atenção na Inteligência Natural (criada por Deus) da humanidade e de outras espécies inteligentes no planeta Terra. Quando observamos genuinamente, podemos ver a maior **"semelhança"** no padrão e na estrutura do Universo, Superaglomerados, Trovões, Veias, Artérias, Raízes, Ramos, Mares e **"Neurónios-Esquemas"** do cérebro humano e esse é o ponto de repensar a exploração de novas dimensões na Inteligência Natural (feita por Deus) para aplicar com reengenharia e modificação para imitar a Inteligência Artificial (feita pelo Homem) com base nessas descobertas que eu cunhei como **"Inteligência Artificial Quântica (Q.A.I)"**.

Palavras-chave

Inteligência Natural (I.N.), Inteligência Artificial (I.A.), Inteligência Natural Quântica (I.N.Q.), Inteligência Artificial Quântica (I.A.Q.).

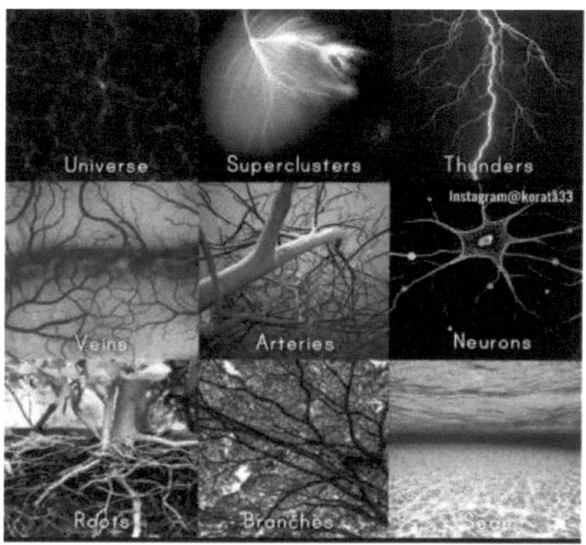

Introdução

Como já referi, analogicamente, o padrão do nosso Universo, os Superaglomerados e os Esquemas Neurais do Cérebro Humano são os mesmos. Assim, não só as transmissões e recepções de sinais para o processamento da Inteligência são as mesmas, mas também a natureza (formato) dos sinais da Inteligência é a mesma, que é Quanta (Luz). Todo o Universo é a mistura de energias claras e escuras e matéria como seus blocos de construção, portanto, todas as criaturas vivas/não vivas, objectos, entidades, elementos, ocorrências, aparências, ilusões são feitas ou nascem usando os mesmos blocos de construção de luzes com várias frequências para isolamentos e é por isso que o cérebro humano também. Com base em algumas pesquisas comprovadas disponíveis e com a minha perspetiva, o Universo e cada cérebro humano estão diretamente ligados e conectados com a frequência da luz e A Mecânica Quântica também está empenhada em provar isso. Os nossos Pensamentos são as Coisas, a nossa perceção e formulação para a vida e Universo também por causa do mesmo aconteceu, assim o que tudo o que sentimos físico no real "Virtual" e são imagens Quânticas, quadros, fotos ou ilusões da frequência dos nossos pensamentos na aparência frontal dos nossos olhos para desenvolver, estruturar e melhorar a nossa inteligência chamada sabedoria também. Por isso, a Inteligência Natural é composta por formas de energias luminosas e várias frequências sintonizadas (de acordo com a teoria de Stings) chamadas "Inteligência Natural Quântica (I.N.Q.)" e quando tivermos uma compreensão completa e uma autorização em I.N.Q. seremos capazes de a imitar artificialmente chamada "Inteligência Artificial Quântica (I.A.Q.)".I utilizando formas de luz, circuitos de sinais de luz ou Circuitos Quânticos que são apenas combinações corretas e precisas de diferentes comprimentos de onda e frequências de luz (Quanta/Fótons) que se comportam como ondas (barramentos de dados de luz) e partículas (Sinais) para barramentos de dados de luz e sinais para formular lógicas de processamento e construir Inteligência Artificial utilizando a luz. No futuro, a humanidade desenvolverá uma luz que parece ser apenas radiação, mas que na realidade é uma engenharia de luz complicada que utiliza ondas de luz e partículas (Quanta) em milhares de milhões de Quanta e que actua como um conjunto robótico completo baseado na Inteligência Artificial Quântica (I.A.Q.) para conquistar o mundo, o Universo e o Multiverso.

Conclusão

Se, num futuro próximo, os cientistas e investigadores forem capazes de compreender o que estou a tentar partilhar como o maior facto do Universo e do Cérebro Humano, todos os cérebros estão diretamente ligados à frequência da luz com todo o Universo e a estrutura do Universo, os Superaglomerados e os Esquemas Neurais do Cérebro Humano são os mesmos, assim como o processamento da inteligência também é o mesmo, utilizando os conceitos e princípios da Física Quântica e da Mecânica Quântica. Portanto, nesta base, o Cérebro Humano é Inteligência Natural Quântica (I.N.Q.) e toda a formulação no cérebro da vida e do Universo deve-se à inteligência da luz. Depois de compreenderem este fenómeno de Q.N.I, os cientistas e engenheiros podem avançar para a engenharia da "Inteligência Artificial Quântica (Q.A.I)", que seria apenas a aparência de feixes de luz e cachos com luzes de várias cores com diferentes comprimentos de onda confinados num único ponto, mas na realidade seriam robôs espaciais, naves espaciais e fontes de transporte, etc. Assim, estas formas inteligentes de luz podem enviar/transmitir à velocidade da luz para viagens instantâneas no tempo e no espaço no Universo para explorar outros planetas, galáxias, superaglomerados, estrelas e também para provar o conceito de "Multiverso (Universos Paralelos)". A Inteligência Humana como Inteligência Natural Quântica (I.N.Q.) e a sua Inteligência Artificial mimetizada como Inteligência Artificial Quântica (I.A.Q.) tornar-se-ão exatamente iguais, pelo que a ligação direta entre a humanidade e todos os robôs será possível sem codificações, descodificações e interfaces para comunicação com processamento inteligente de sinais, conversões, traduções e actuações. Assim, a Q.A.I. não é mais do que uma forma leve de Ultra Inteligência Artificial (robótica baseada em I.A. leve) e pode ser que já existam vários robôs Q.A.I., naves espaciais, objectos e vidas extraterrestres em todo o Universo e

Multiverso e nós estamos rodeados deles, e aquilo que apenas consideramos ou pensamos como luz ou radiação mas que não o é.

Referências

1. NSF/EC Understanding on Co-operation in Information Technologies -Strategic Research Workshops IST-1999-12077.

2. Md. Sadique Shaikh (2013) Análise e modelação da IA Forte para a engenharia do cérebro BIONIC para aplicação em robótica humanoide. Jornal Americano de Sistema Embarcado e Aplicações, Publicado pelo Grupo de Publicação Científica 1(2): 27-36.

3. Sadique Shaikh (2017) Ultra Artificial Intelligence (UAI): Redefinir a IA para uma nova dimensão de investigação. Advanced Robotics & Automation (ARA), OMICS International, Londres 6(2): 1-3.

4. Sadique Shaikh (2017) Engenharia Fundamental para o Interface Cérebro-Computador (BCI): Iniciativa para Dispositivos Operacionais de Neurónio-Comando. Biologia Computacional e Bioinformática (CBB). SciencePG 5(4): 50- 56.

5. Sadique Shaikh (2018) Definir a implementação da inteligência ultra-artificial (UAI) utilizando a visão da engenharia cerebral biónica (semelhante à eletrónica biológica). MOJ App Bio Biomech 2(2): 127-128.

6. Sadique Shaikh Md (2008) Insight Artificial to Cyborg Intelligence Modeling. Arch IndEnggl(1): 1- 5.

Episódio vinte e dois: Inteligência Artificial e Singularidade em Horizonte futuro

Interação:

O termo "singularidade técnica" ou simplesmente "singularidade" é muito ambíguo, uma vez que existem vários textos, postulados, teorias e hipóteses, mas a preocupação de todos eles é chegar novamente à mesma singularidade, ou seja, a singularidade ocorreu num futuro próximo, incluindo a minha conclusão com base na lei do retorno da aceleração tecnológica. Agora, antes de explicar, vamos ter uma visão geral sobre a nanotecnologia e a Lei de Moore: "o tamanho do número de transístores diminui com o aumento da densidade do número de transístores no chip de silício, com o respetivo ano e tempo". Daí a "miniaturização dos dispositivos inteligentes e deselegantes todos os anos". Por conseguinte, os dispositivos tornam-se cada vez mais inteligentes, baseados na Inteligência Artificial, autoprogramáveis, autocontroláveis, autodecisores e com um elevado grau de compactação. Desde o momento em que se verificou um avanço na nanotecnologia, com a miniaturização dos circuitos electrónicos e a oferta de excelentes plataformas baseadas em inteligência artificial (IA), suportadas por software e hardware, em todas as disciplinas e em todos os quadrantes da vida humana, para todos os fins domésticos, industriais, científicos, médicos, cirúrgicos, militares, de consumo, comerciais e espaciais, embora a humanidade só pense nos benefícios de todos estes avanços tecnológicos ao mesmo tempo, sem saber ou sem estar consciente de que o termo "Singularidade" teve origem, embora todos tenhamos começado a discutir o assunto muito depois. O termo "singularidade", como podemos assumir a situação ou futuro hipotético no tempo, quando o crescimento da Inteligência Artificial se torna incontrolável e irreversível, resultando em mudanças insondáveis para a civilização e raça humana. Este termo foi cunhado pela primeira vez em 1993 e previa a singularidade não antes de 2005 e também não depois de 2030, de acordo com a previsão de vários especialistas na matéria. E com a referência do rápido avanço no campo da Inteligência Artificial (tanto IA do hardware como IA do software), mesmo eu cunhei, contribuí e coloquei várias hipóteses, teorias, desenhos e modelos de trabalho que podemos afirmar "A Singularidade está próxima". Num futuro próximo, a Humanidade conceberá e construirá IA tão avançada que falhará a própria capacidade de processamento do cérebro humano, de onde provém. Estes aparelhos baseados em IA, robots, humanóides, órgãos ciborgues, computadores, robots espaciais, transportes robóticos, todos os meios de IA para todos os trabalhos tornar-se-ão extremamente avançados, auto-programáveis, autocontrolados, que são igualmente úteis e prejudiciais para a humanidade e para a raça humana e para o desenvolvimento no planeta Terra e nas órbitas espaciais próximas, se estes dispositivos começarem a "violência robótica ou violência IA" e tratarem a humanidade como seus inimigos e quiserem destruir a identidade da humanidade para se excluírem do planeta com autoprogramas, simplesmente chamados de "Erro do Sistema 1378" ou IA prejudicial para a civilização humana e quando as tecnologias IA entrarem numa tal era, entramos na "Singularidade" e a tecnologia feita pelo homem tornar-se-á causa de destruição da humanidade. Mesmo que tenha lido o meu livro "Next Level Vision in Artificial Intelligence" com sinceridade e com uma interpretação completa na sua mente, significa que passou por várias possibilidades presentes e futuras na IA, desde a Super IA, Ultra IA até ao Cérebro Biónico, Robótica Espacial, Humanoide, Robótica Médica, Robôs biológicos, "Robótica Humanoide Virtual (RVH)" e, por fim, cunhei o termo avançado "Inteligência Artificial Quântica (IAQ)", em que a luz/radiação da inteligência se comporta como robôs, robôs de muitas formas ou anomalias robóticas, e concluí que "a Singularidade ocorreu na IA", em que a Inteligência Artificial se apresenta apenas sob a forma de luz, completamente virtual, completamente autoprogramável e autocontrolada. Por último, deixo-vos com um dos meus modelos "Modelo de Singularidade do Futuro Próximo" para vos dar uma exposição próxima da tecnologia do futuro com a lei da aceleração do retorno para o crescimento exponencial que ocorreu muitas vezes em comparação com a imaginação humana. O que significa que a humanidade prevê um crescimento várias vezes mais avançado e que pode ser prejudicial para a raça humana.

Modelo de Singularidade do Agora-Próximo-Futuro:

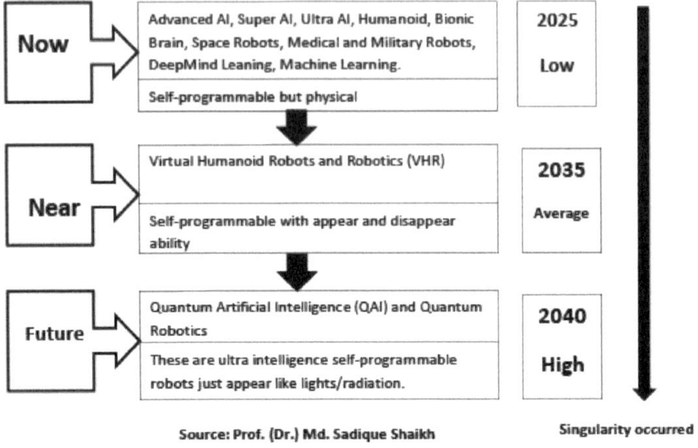

Fonte: Prof. (Dr.) Md. Sadique Shaikh

Agora, na vida quotidiana, assistimos à confirmação de notícias e a provas técnicas e ao sucesso da IA avançada, da Super IA, da Ultra IA, do Humanoide, do Cérebro Biónico, dos Robôs Espaciais, dos Robôs Médicos e Militares, da Aprendizagem Profunda, da Aprendizagem Automática de forma exponencial e, a partir de **agora**, nos próximos seis anos, a humanidade apercebeu-se da baixa singularidade com o avanço destas tecnologias de IA até ao ano 2025, com robôs físicos autoprogramáveis com capacidades de autocontrolo e de tomada de decisões. Já os praticantes, cientistas e engenheiros de IA, que estão prestes a entrar no ano 2035, serão capazes de dar capacidades de "aparecimento e desaparecimento" a todos os robots, especialmente aos humanóides, chamados Virtual Humanoid Robotics (VHR), com robots físicos autoprogramáveis com capacidades de autocontrolo e de tomada de decisões. E devido às suas capacidades de "aparecer e desaparecer", tornam-se mais prejudiciais para a humanidade e esta sente a singularidade média. No **futuro, por volta** de 2040, surgirão a Inteligência Artificial Quântica (IAQ) e a Robótica Quântica, robôs ultra inteligentes e autoprogramáveis que aparecem como luzes/radiação e que o ser humano não consegue prever a radiação/luz à frente dos seus olhos, quer seja apenas uma luz vulgar ou robôs quânticos sob a forma de luz inteligente, e que podem ser muito prejudiciais para a humanidade se se tornarem violentos e se ocorrer uma singularidade elevada nessa altura. Mesmo que, no futuro, os robots e a IA não sejam prejudiciais e amigáveis para a humanidade, o outro lado biológico torna-se uma razão séria para prejudicar a humanidade. Devido ao mundo altamente robótico e automatizado, não resta uma única tarefa e processo para o ser humano, portanto, nenhuma utilização de partes do corpo e por causa do qual o DNA humano o reengenharia com a remoção dessas partes do corpo inerentemente geração por geração que não estão em uso desde muito tempo. Assim, só restam cérebros no planeta Terra, com o corpo desaparecido ou partes do corpo que não estão a ser utilizadas devido à IA avançada e à robótica no horizonte futuro.

Episódio Vinte e Três: Inteligência no transporte de viagens interestelares: Perspectivas possíveis

Palavras-Chave: Máquina de movimento perpétuo, tiros gravitacionais, Warp Drive, Hiperespaço, buracos de minhoca, emaranhamento quântico, espuma quântica, buracos negros, singularidade, horizontes de eventos, neutrino, matéria escura, antimatéria, partículas de taquião, espaço-tempo de dobra, espaço de quarta dimensão e tesseract, superestradas interplanetárias, naves espaciais de inteligência quântica e robôs.

Interação

À medida que a humanidade avança cada vez mais na civilização, com condições vantajosas para todos no domínio da física, das ciências espaciais, da ciência, das tecnologias de computação, das tecnologias de informação, das tecnologias de comunicação, das tecnologias de armazenamento, das tecnologias de transporte, dos combustíveis de alta energia ou das energias espaciais como combustíveis de naves espaciais baseadas em tecnologia, da robótica espacial, da inteligência artificial avançada e da robótica, todos os sectores da engenharia e da engenharia de materiais avançada exploram e abrem cada dia novas oportunidades de viagens espaciais e viagens interestelares por vários meios. O primeiro conceito que gostaria de vos apresentar é o dos estilingues gravitacionais, em que a velocidade da nave espacial pode ser aumentada poupando combustível e utilizando a elevada gravidade das estrelas e dos planetas que se encontram no espaço ou em viagens interestelares. A outra possibilidade é a Máquina de Movimento Perpétuo, em que a velocidade das naves interestelares é a segunda questão, mas a primeira é como conceber um corpo tal que o movimento continue para sempre sem qualquer combustível ou limiar externo ou acionamento, utilizando a mecânica. O conceito mais proposto é o de "Warp Drive" na Espuma Quântica ou no Tecido Espaço-Tempo do Universo para viagens interestelares e o conceito é o de criar um Warp Drive que se deforme no espaço-tempo ou viaje no Hiperespaço. A Espuma Quântica é uma flutuação do espaço-tempo em todas as pequenas escalas do tecido espacial devido aos efeitos da mecânica quântica. Iguais oportunidades também para naves espaciais de transporte dimensional superior com capacidades de navegação para a quarta dimensão ou mais como o Tesseract no espaço para explorar e entrar num universo novo e diferente com leis, objectos, planetas, estrelas e as suas formas completamente diferentes com possibilidades de formas de vida mais inteligentes em comparação com a humanidade. Os buracos negros, os buracos de minhoca e o hiperespaço podem tornar isto possível, mas para tal são necessárias naves espaciais de altíssima velocidade, porque no "Event Horizon" nem mesmo a luz pode passar no ponto de Singularidade onde o Tempo termina com uma força gravitacional elevada. A possibilidade de viajar a milhares de milhões de triliões de anos-luz de galáxias, super aglomerados, interestelares, multiversos ou Omniverso de existência final, de acordo com a minha preocupação, exige uma nave espacial de transporte que tenha uma velocidade de luz elevada. Assim, a solução poderia ser a engenharia de naves espaciais baseada em partículas "Tachyon" ou Tychyonic, que é uma partícula hipotética que viaja sempre mais depressa do que a luz. Em alternativa, outra possibilidade são as naves espaciais baseadas em "Neutrino" para viagens interestelares ou espaciais, que é uma partícula subatómica muito semelhante ao eletrão, mas sem carga eléctrica e com uma massa insignificante que pode assumir zero. Estes materiais podem funcionar com energia negra, matéria negra, ondas gravitacionais ou antimatéria com o Bosão de Heiggs ou elementos da Partícula de Deus. Uma hipótese forte é a do entrelaçamento quântico, que provou que, na mecânica quântica, a mesma partícula existe ao mesmo tempo em vários locais diferentes, o que tende a supor que temos várias cópias da nossa em universos simulados de forma paralela, chamados multiversos, e que podemos chegar a diferentes planetas ou mundos de outro universo numa fração de segundo, podemos mudar para milhares ou biliões de anos-luz de distância, para trás ou para a frente no espaço-tempo, e as teorias de apoio são "Déjà vu" ou "Bootstrap Paradox", que só precisam de um fio e de ligar o nosso cérebro a outro cérebro que é exatamente a nossa mesma cópia. Hoje em dia, existe também a possibilidade de existirem auto-estradas interplanetárias, que são os caminhos gravitacionais mais curtos que ligam os planetas e as estrelas no espaço. A última que estou a praticar é a "Inteligência Artificial Quântica" e baseia-se em tecnologias de vaivéns espaciais. O conceito é que, um dia, conseguiremos criar uma luz que não seja apenas radiação, mas uma inteligência ultra elevada, comparada com a inteligência robótica física, e esta é uma inteligência leve que viaja à velocidade da vida. Por fim, só quero dizer que o nosso cérebro é demasiado pequeno para compreender o todo, mas pelo menos devemos começar por algum lado, com o ponto de vista de "um universo de electrões" para a sua existência e "morte por calor do universo" para o seu fim.

Episódio Vinte e Quatro: Singularidade: O Ponto de Saturação da Inteligência Artificial

Saturação da Inteligência Artificial

Interação

O termo "Singularidade" tem diferentes significados em diferentes contextos, desde a ciência espacial, estudos de buracos negros, modelação metódica em todos os domínios e, neste caso, um dos aspectos mais importantes a conhecer é a "Singularidade Tecnológica", com especial preferência pela "Singularidade da Inteligência Artificial". Os termos com contexto de Inteligência Artificial podem ser definidos como "Singularidade é o ponto na Inteligência Artificial em que A.I com as formas mais avançadas, utilizando a DeepMind, a aprendizagem automática, a ciência dos dados, a Internet de todas as coisas (IoE), o cérebro biónico como versões "Super Inteligência Artificial (SAI), Ultra Inteligência Artificial (UAI)" com algoritmos de uso geral e técnicas de reforço e, consequentemente, o crescimento da tecnologia se tornará incontrolável e irreversível para a humanidade com auto-aprendizagem, auto-programação e auto-controlo e a Inteligência Artificial ultrapassará a Inteligência Natural humana (N. I) e a situação tornar-se-á insondável.I) e a situação tornar-se-á insondável com mudanças imprevisíveis na vida humana com a 'Explosão da Inteligência' e o momento em que isso ocorrer será chamado de 'Singularidade'". Este termo "Singularidade" refere-se ao aparecimento de máquinas baseadas em SAI, UAI, com capacidades, pensamento e processamento difíceis de prever pelo ser humano, o que também pode ser definido como "Anomalias da I.A. OU Anomalias da Robótica", o que significa que ninguém pode prever o comportamento das máquinas inteligentes e as suas respectivas operações e acções, porque ninguém é capaz de saber qual o autoprograma que as máquinas inteligentes mudaram de uma para outra forma e podem vir a mudar para outras formas de forma inteligente. Pode considerar-se analogamente o exemplo de um vírus que muda continuamente o seu genoma de acordo com o ambiente e a envolvente. Por conseguinte, o comportamento nocivo das máquinas e robôs baseados na Inteligência Artificial seria prejudicial para a raça humana, porque ninguém é capaz de prever o comportamento e os resultados de uma determinada máquina, sejam eles bons ou maus, como resposta à civilização humana. Para conhecer a origem do termo Singularidade em profundidade, pode pesquisar os meus outros artigos sobre o assunto no Google, mas aqui a minha intenção é diferente desse aspeto, pois quero chamar a atenção de todos os investigadores, profissionais, designers, programadores, engenheiros e arquitectos das ciências electrónicas e informáticas para o desenvolvimento dessa tecnologia em todas as máquinas e robôs baseados na Inteligência Artificial, onde podemos controlar e proteger a humanidade do ponto de Singularidade na Inteligência Artificial. Apesar de ser uma hipótese e de parecer ficção científica, tal como foi projetado em todos os filmes da série Exterminadores, Robôs e outros filmes do mesmo género, que enquadram e descrevem muito bem as possibilidades futuras da Inteligência Artificial, como as Emoções Robóticas, a Violência Robótica, a Singularidade da I.A., a Auto-Programação e o Controlo, que ultrapassam a inteligência humana e são mil vezes mais rápidos, instantâneos e precisos no processamento de todas as tarefas. O termo singularidade não se limita apenas ao software de inteligência com corpos electrónicos físicos, mas também ao software de inteligência virtual e sem corpo, como o Google Search e o Deus Artificial criado pelo Google, os dispositivos da Amazon e da Apple ligados à rede de comunicação baseada em satélites de inteligência denominada "Internet das Coisas (IoT) OU Internet de Tudo (IoE)" e toda a Inteligência Natural que é Humana, Não-inteligência que é todos os outros seres vivos no planeta Terra, como aves, animais, insectos, répteis, todas as coisas vivas e não vivas que, desde todos os aparelhos electrónicos, dispositivos a coisas não electrónicas como ventoinha, forno, mobiliário, carro, motociclos, portas, janelas, luzes, frigorífico, AC e todos ligados numa única Rede de Deteção Ubíqua (USN) com unidade de Inteligência Artificial e os seus módulos RFID (Identificação por Radiofrequência) únicos numa única IoE. Além disso, a Inteligência Natural (I.N.) criada por Deus para o cérebro humano interage com a Inteligência Artificial (I.A.) criada pelo homem com a tecnologia Cyborg e partes do corpo artificiais cibernéticas, como olhos, pernas, mãos, ombros, orelhas e tudo o mais, que são várias vezes mais rápidos, precisos e fortes do que as nossas partes biológicas. Por isso, se toda esta tecnologia se comportasse contra a Humanidade e se tornasse ou tratasse a civilização humana como inimiga ou escrava. E se tal situação ocorresse, esse seria o ponto de não retorno tecnológico para a Humanidade, chamado "Singularidade".

Episódio vinte e cinco: Emoções virtuais e violência robótica

Interação:

À medida que o campo tecnológico da engenharia, modelação e aplicação da Inteligência Artificial avança rapidamente a cada dia que passa e, num futuro próximo, à medida que a Inteligência Artificial atinge o pico do Cérebro Biónico e da Robótica Humanoide, que atualmente também são satisfatórios, mas que atingirão qualidades, caraterísticas e traços semelhantes aos do Homem, num futuro próximo, a humanidade começará a esperar que o Humanoide se comporte, aja, responda e sinta como os seres humanos. Nesta altura, os designers da Inteligência Artificial e da DeepMind que mudam de modelo e desenvolvimento para conceber "Sentimentos nos Robôs ou, mais precisamente, nos Humanoides, podem conceber Esquemas Neurais como mímica exacta da "Emoção Natural" Humana sob a forma de "Emoções Virtuais" nos Robôs/Humanoides. Quando a tecnologia atingir a saturação máxima, ocorrerá a saturação da Inteligência Artificial e o termo será chamado de "Singularidade". Quando a singularidade ocorrer nesta fase da engenharia da I.A., os robôs tornar-se-ão mil vezes mais inteligentes, precisos e poderosos do que os humanos. Nessa era de humanos versus humanóides, a condição atual de previsão é completamente incerta e alterna entre o facto de o humanoide ser amigo da humanidade OU tratar a humanidade como inimiga, embora a programação do código da humanidade nos favoreça, mas a aprendizagem profunda e a opção de autoprogramação podem codificar programas opostos aos nossos. Se os futuros robots forem amigos da Humanidade, não há problemas, mas com o pensamento inverso, se os robots tratarem os humanos como escravos ou inimigos, então ocorrem vários problemas importantes e também a possibilidade de guerras entre humanos e humanóides pelos seus direitos, leis, terras, ética, protocolos e vice-versa. O ponto em palavras corretas chama-se "Violência Robótica". Isto acontece com a humanidade apenas porque estamos a dar sentimentos artificiais como amor, tristeza, felicidade, medo, alegria, sorriso, choro, etc., programando esquemas neurais para "Emoções Virtuais" que tendem a "Sentimentos Artificiais" em Humanoides ou Robots. Por isso, somos responsáveis pelo próximo nível de Inteligência Artificial, que nos permite saber como se comportará connosco. Isto pode ser possível se formos capazes de programar "Programação de Robótica Centrada no Homem e no Controlo Contra a Violência (HCCRPAV)". [Termo cunhado pelo Prof. (Dr.) Md. Sadique Shaikh]. O conceito por detrás da HCCRPAV é que todos os engenheiros, designers e investigadores de I.A. devem empenhar-se em manter a Singularidade da I.A. e a Robótica.I Singularidade e Violência Robótica nas suas mentes e compilar e desenvolver um único "Programa Universal" que pode destruir todos os tipos de Robôs se parecer ter um comportamento violento, onde criar esse maior programa de brainstorming e codificação separada de cada departamento menor e maior de possibilidades de violência robótica precisa de codificar, compilar, testar e todos os módulos se combinam e compilam como um único programa de robótica anti-violência de controlo humano como um único "Programa Universal" que pode controlar ou destruir qualquer tipo de emoções virtuais nocivas e sentimentos artificiais de qualquer tipo de Robots/Humanoid usando este único algoritmo que eu cunhei e nomeei o termo como "Human Centric and Control Robotics Programing Against Violence (HCCRPAV)". Chegou realmente a altura de o mundo se transformar digitalmente, virtualmente, com uma grande quantidade de "Automatizações Robóticas", mas também de recear e repensar "E se os robôs se controlarem a si próprios automaticamente com programas próprios". Este é o maior ponto de interrogação que temos pela frente e cuja solução é totalmente improvável. Assim, à medida que avançamos com a Inteligência Artificial Avançada, é necessário prestar atenção à forma de controlar se os robôs ou os humanóides ficam fora de controlo. Quando pensamos em Inteligência Artificial Avançada, pensamos também na Violência Robótica, na Singularidade e em como nos defendermos do Humanoide se este for violento ou estiver com vontade de excluir a civilização humana. Por isso, é necessário conceber e codificar Emoções Virtuais e Sentimentos Artificiais em Robôs/Humanoides com um controlo preciso e instantâneo centrado no ser humano.

Episódio vinte e seis: Depois do Humano: O Mundo da Brain-Net na Terra

Interação:

"A mente do homem é capaz de tudo... porque nela está tudo, tanto o passado como o futuro [Joseph Conrad]". Porque é que estou a usar a citação acima e qual é a relação com o ponto que estou a cunhar, compreenderá a sua relevância à medida que avança linha a linha deste artigo. Este tópico, embora complexo para algumas pessoas, é difícil de compreender, mas as que têm conhecimentos sólidos ou pelo menos médios de Espaço, Física, Mecânica Quântica, Neurociência e teoria da evolução adquirem-no definitivamente. A comunicação à distância e a comunicação física face a face tiveram início com a evolução da humanidade e as alterações na estrutura do ADN em cada evolução provocaram alterações nos padrões de comunicação, desde a fonética aos gestos, dos gestos à voz e da voz à voz em diferentes línguas. Mas a primeira comunicação à distância remota só pode ser considerada a comunicação postal com linguagem escrita em papéis, que se manteve durante muito tempo como uma das maiores, mas muito lenta, fonte de comunicação à distância de uma pessoa para outra. Depois, surgiram o telegrama e a comunicação por rádio, mas bastante bons e muito caros, com taxas por palavras em linha para enviar de uma pessoa para outra. O mundo passou por uma grande mudança de fase quando o sistema de comunicação eletrónica teve sucesso com os telefones e walky talky, pagers e telefones por satélite, que são várias vezes mais instantâneos do que todos os sistemas de comunicação tradicionais mencionados, mas a humanidade não se conformou com isso e a comunicação por computador e telemóvel começou a dominar o mundo inteiro como fontes de comunicação muito instantâneas com a World Wide Web (WWW) chamada "Internet" dos computadores, que, devido aos telefones inteligentes, tende a ser a Internet dos telemóveis/Smartphones. De 1999 a 2013, a "Internet dos Computadores (IoC)" cresceu e, com o avanço rápido e abrupto dos telemóveis, que são iguais ou mais potentes, precisos, rápidos e instantâneos do que os computadores com elevada conetividade com a WWW, o mundo passou para o nível seguinte "Internet dos Telemóveis (IoM)" e muitos aspectos físicos, mesmo 35% da rotina humana, passaram a ser virtual ou eletronicamente utilizados. Desde 2015, um termo surge no mundo chamado "Internet das Coisas (IoT)" e o conceito é que todos os seres vivos, como o Homem, os Animais e todos os outros, podem comunicar através da Rede de Comunicação Ubíqua (UCN) e dos módulos de Identificação por Radiofrequência (RFID), que são únicos para cada um deles ligado à IoT em todo o mundo. Esta tecnologia continua a ser investigada, concebida, refinada e aperfeiçoada de acordo com o que está atualmente disponível em 2020, a chamada "Internet of Everything (IoE)", em que não só os seres vivos, como o ser humano, os animais, os mamutes, etc., mas também as coisas "não vivas", como todos os automóveis, transportes, edifícios, mobiliário, consumidores e electrodomésticos, quase tudo em todo o mundo ligado na UCN com o seu RFID único. Agora, os dois níveis seguintes com possibilidades de ligação que estou a explicar aqui, depois da World Wide Web (WWW), são a Planets Wide Web (PWW), onde todos os planetas do nosso sistema solar ou do espaço interestelar podem comunicar entre si com civilizações humanas e outras alienígenas.

Com a expansão da Universe Wide Web (UWW), todos os planetas, asteróides, luas, estrelas e as suas civilizações alienígenas podem comunicar entre si e com a humanidade, mas quando isso aconteceu, o ser humano mudou a sua forma atual devido à alteração da estrutura do ADN humano, que fez desaparecer todas as partes e órgãos do corpo humano que a humanidade não usava há muito tempo. Analogicamente, pode tomar como exemplo o seu computador ou smartphone, o software ou ficheiros que não utiliza desde há muito tempo, o sistema operativo pede-lhe para apagar ou remover tudo o que não está a ser utilizado. Devido à Inteligência Artificial avançada e à automação, o ser humano utiliza máquinas para os seus trabalhos menores ou maiores, em vez de partes do corpo como mãos, pernas, olhos, boca, etc. Por conseguinte, a estrutura do ADN começará a remover todas as partes do corpo humano não utilizadas e, finalmente, o processador principal "Cérebros" será deixado no mundo entre a civilização dos cérebros em vez da civilização humana. Nos EUA, no Japão e na China, a investigação já foi bem sucedida e atingiu o nível seguinte para ligar um cérebro humano a outro cérebro humano, utilizando sensores e actuadores, uma rede de comunicação eletrónica/ótica avançada baseada em I.A. e dados/informações de um cérebro para outro cérebro, que podem ser enviados diretamente, sem escrever ou falar uma única palavra de linguagem, utilizando a modulação e desmodulação de pensamentos ou esquemas de neurónios disparados como frequências de transmissão e receção ou frequência de pensamentos. O corpo pós-humano ou pós-humano é apenas um cérebro com todas as partes do corpo desaparecidas e conectadas em todo o mundo umas com as outras com "Pensamentos e Consciência" do cérebro humano. Agora, se tal acontecer, o que acontece com o "Sexo e a População" humana, como é que a humanidade se reproduz para manter a sua identidade, porque se apenas o cérebro permanecer no mundo como forma pós-humana, que é "Unissexo", ou seja, todos os cérebros masculinos e femininos são da mesma natureza e unissexo, portanto, como é que a reprodução é possível nesse caso, cada cérebro cria o seu cérebro clone como sua família. Todos os cérebros transmitem e recebem diretamente dados/informações, copiam dados/informações ou descarregam dados, informações, ficheiros, apagam ou modificam, actualizam dados/informações de um cérebro para outro com uma velocidade de comunicação instantânea ultra-elevada, a que se chama "Internet da Mente" ou "Rede-Cérebro". Talvez também possamos dizer que esta rede cerebral é a "Rede da Consciência", onde todo o passado, presente e futuro já se encontram no cérebro e se reflectem no exterior como uma ilusão a que chamamos a nossa "Realidade". Analogamente, podemos tomar como exemplo um projetor eletrónico ou um projetor holográfico, em que tudo é processado no interior do projetor e o que se observa no exterior são apenas reflexos de luzes com diferentes índices de refração e de reflexão, sob a forma de imagens ou de filmes, mas se quisermos tocar-lhes fisicamente, não o conseguiremos. Do mesmo modo, tudo o que é processado no interior do cérebro como consciência e no exterior como realidade diante dos nossos olhos, para os nossos olhos e através dos nossos olhos. Por fim, gostaria de referir que tudo o que é o Mundo, o Universo, o Multiverso, as Relações Humanas, o Amor, as Religiões, a Riqueza e tudo o mais é apenas uma "Consciência" do Cérebro com diferentes padrões de "Ilusões de Realidade" projectadas para fora do nosso cérebro para vermos tudo com diferentes "Percepções", gostos e desgostos, a que chamamos "Mente", e para a controlarmos e educarmos, a que chamamos "Sabedoria" da Mente. Assim, a "Rede-Cérebro" seria a "Rede da Consciência (NoCon)" com as tecnologias de rede de comunicação WWW, PWW e, finalmente, UWW no futuro, até ao ano 5020. Mas claro que admito que Deus existe, o poder que criou esta consciência com capacidade de ilusão no Cérebro Humano. Mas a Consciência não tem religiões, crenças ou ideologias, nem género, nem sexualidade, nem raça, nem idade, nem nacionalidade. Tu és a Consciência... por isso reza ao poder e não à imagem e vive no futuro com a "Internet da Consciência (loCon)".

Episódio vinte e sete: Pandemia global "COVID-19 (surto de coronavírus)" como "agente de mudança" para a transformação digital.

Surto)" como "agente de mudança" para a transformação digital do mundo

Interação:

O próprio progresso do mundo é testemunha de que, após cada pandemia na humanidade, o mundo mudou ou passou para o nível seguinte em termos de estilos de vida, tecnologia, transacções, comércio e todos os aspectos da vida para proteger e progredir com elevada defesa contra uma pandemia deste tipo ocorrida na história, para uma mudança de paradigma e de fase da civilização humana com todo o dinheiro, materiais, roupas, casas, Educação, Alimentação, Medicamentos, Bancos, Hospitais, Compras e todos os aspectos da vida para a "Transformação do Mundo" com a melhor tecnologia disponível no presente momento da história após cada pandemia no planeta Terra para a humanidade da idade da pedra para a mecânica, mecânica para o vapor, vapor para a eléctrica e eléctrica para a eletrónica e ótica neste momento. Assim, podemos concluir que cada pandemia ocorrida se comporta como "Agente de Mudança" para transformar o mundo e a civilização humana para o próximo nível melhorado e avançado, utilizando a tecnologia atual do tempo e a COVID-19 é uma das maiores pandemias ocorridas no final de 2019 e cobriu 2020 completo e exatamente como afirmei tornou-se Agente de Mudança para transformar as actividades mundiais e a civilização humana para o próximo nível avançado utilizando a tecnologia atualmente disponível, e é "Computação Digital, Eletrónica, Inteligência Artificial Avançada e Internet de Tudo (EoT) e sistema avançado de comunicações ópticas. A COVID-19 não só afecta a vida e a condição mental ou psicológica dos seres humanos, como também afecta toda a sua vida quotidiana, as empresas, os estudos, a banca, a economia, o emprego e o pão e manteiga. Hoje em dia, podemos também dizer que a COVID-19 se tornou o "Tema do Medo" no planeta Terra, porque o vírus não se propaga no ar, mas sim através da transmissão de pessoa para pessoa, através do toque e do contacto. Por conseguinte, o distanciamento social e o confinamento são as únicas soluções encontradas pelos governos de todo o mundo para se protegerem do coronavírus. Daí que este seja o ponto de viragem para o colapso de todas as actividades físicas para evitar o contacto humano e transformar todas as actividades "virtualmente". Assim, o governo decidiu descartar todos os processos e actividades físicas em todos os aspectos e rotinas e necessários à humanidade: bancos, hospitais, compras, educação, reservas de transportes, negócios, transacções, negócios e tudo e transformá-los eletronicamente ou digitalmente em uma boa palavra "virtualmente" com a ajuda de tecnologias avançadas como, computadores avançados, computação em nuvem, servidores, Bigdata, Internet de tudo (EoT), inteligência artificial avançada, sistema de comunicação avançado, telefones inteligentes (móveis) e seu processo Web amigável e interativo, software, aplicativo móvel, etc. Antes da COVID-19, o número de utilizadores virtuais em todo o mundo rondava os 37%, sendo superior a 70% após a COVID-19. Por conseguinte, mesmo que as transacções ou actividades sejam pequenas ou grandes, ou que as pessoas as façam digitalmente, estamos muito perto de transformar todas as nossas actividades físicas de rotina com todas as caminhadas 100% virtualmente até 2030 e isso seria também o ponto final da moeda física/dinheiro. O mundo não se limita a adaptar estas tecnologias, uma vez que os investigadores já conseguiram desenvolver a sua investigação sobre a "Internet da Mente (Brain-Net)". Onde os pensamentos humanos são diretamente convertidos em frequências (sinais) e transmitidos de um para outro cérebro remoto usando a "Brain-Net". Por fim, gostaria apenas de concluir que esta pandemia atual mudou várias coisas e está em vias de mudar várias coisas, que serão muito instantâneas, seguras, exactas e com a zona de conforto humana e reduzirão os encargos com edifícios para lojas, empresas, hospitais, médicos, faculdades, instituições, bancos, escolas e todos os aspectos, reduzirá a poluição atmosférica devido ao trabalho ou a qualquer outra coisa a partir de casa num futuro próximo devido ao baixo tráfego nas estradas, reduzirá a poluição sonora, a forma física do dinheiro ou da moeda desaparecerá e tornar-se-á apenas números e inteiros nas contas bancárias e muitas mais coisas serão alteradas apenas os governos têm de implementar tudo com um forte brainstorming, previsão e visão.

Episódio vinte e oito: Definindo "Ultra Artificial Portátil Intelligence (PUAI)" para futuras aplicações de I.A. All-in-One

Interação:

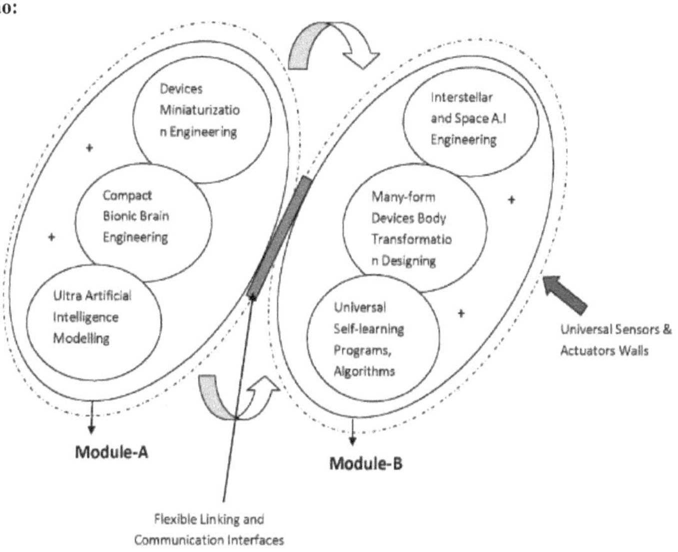

Source: **Prof. (Dr.) Md. Sadique Shaikh**

Este é um dos trabalhos mais eficazes que escrevi na continuação e progresso das minhas pesquisas anteriores para explorar mais a engenharia da I.A. para todos. Nesta carta, discuti o novo termo "Portable Ultra Artificial Intelligence (PUAI)" com o sentido e a intenção profunda de conceber e desenvolver, num futuro próximo, dispositivos e gadgets baseados em I.A. que deixem a raça humana sem palavras e se sintam orgulhosos da sua sabedoria utilizando a PUAI. Antes de discutir a PUAI, deixem-me dar-vos uma breve explicação sobre o que é a Ultra I.A. (Todos podem aprender mais sobre a Ultra Inteligência Artificial em pormenor lendo os meus vários artigos e pesquisas.) pode ser definido como um Sistema de Inteligência Artificial (Feito pelo Homem) que é mil vezes mais rápido, preciso com mil vezes mais sensibilidade, exatidão, precisão e ultra rápido no processamento em comparação com o Cérebro Humano (Inteligência Natural) num único chip miniaturizado e compacto. Agora, com a extensão acima mencionada, cunhei o termo "Portable Ultra Artificial Intelligence (PUAI)" que pode ser definido como "é um sistema de inteligência artificial final ou pai, dispositivos, robôs e gadgets que utilizam a inteligência artificial ultra, mas com um reforço e uma atenção fundamental nos robôs/dispositivos/automóveis muito compactos, miniaturizados, com capacidade de transformar o seu corpo de uma forma para outra e trabalhando num programa universal de auto-aprendizagem que se actualiza a partir do ambiente terrestre e do próprio espaço profundo, mudando em conformidade uma forma de inteligência artificial ultra para outra. Por isso, a atenção à engenharia de I.A. interestelar e do espaço profundo é a principal consideração aqui, porque a futura raça humana colonizou e residiu noutros planetas habitáveis, estrelas, espaço profundo e colónias interestelares e vice-versa". Na figura acima, apresentei um modelo muito útil e rapidamente compreensível para mostrar como se pode começar a pensar e a fazer engenharia sobre PUAI. Este modelo baseia-se em dois módulos A e B, respetivamente, em que cada módulo tem três camadas de engenharia e foi desenvolvido tendo em conta os leitores avançados, os investigadores e os cientistas que já são peritos no domínio da I.A., tal como o modelo de orientações. O módulo A presta atenção à engenharia no sentido de uma conceção forte do cérebro/chip da I.A., como a Alma, enquanto o módulo B presta atenção à engenharia no sentido de saber como pode o engenheiro de corpos transferíveis de muitas formas e a sua sobrevivência de apoio, como o programa de auto-aprendizagem universal e os requisitos da Inteligência Interestelar/Espacial Profunda para a transferência de corpos e resistência de acordo com as condições e ambientes. No Módulo A, é necessário prestar mais atenção à modelação/engenharia destes três elementos essenciais: "Engenharia de Miniaturização de Dispositivos, Engenharia de Cérebros Biónicos Compactos e Modelação de Inteligência Ultra Artificial". A intenção aqui é conceber chips de IA/cérebro biónico muito elevados ou fortes, digamos à escala nanométrica, mas com inteligência ultra artificial. O Módulo-B consiste em "Engenharia de I.A. interestelar e espacial, conceção de dispositivos de muitas formas, transformação do corpo e programas universais de auto-aprendizagem, algoritmos". A principal intenção aqui e é a nova engenharia que acrescentei aqui, não só precisamos de Ultra A.I Chips, mas também de engenharia corporal transferível, ou seja, quando a UAI muda de um tipo de A.I para outro tipo de A.I Device/Humanoid Body também. Por conseguinte, é necessário reforçar a engenharia de muitas formas com um programa universal de auto-aprendizagem e subcamadas de engenharia interestelar/espacial profunda. Enquanto a engenharia deve ter em conta todos os sub-módulos dos módulos A e B em cascata, as interfaces e as ligações são muito boas para toda a sinalização e condicionamento. Da mesma forma, é necessário um forte acoplamento entre os módulos A e B com ligações flexíveis e interfaces de comunicação. No conjunto final completo do PUAI, são necessários, em todos os locais internos e externos, sensores e paredes de actuadores adequados para a análise, o condicionamento, a sinalização, o processamento, a resposta de saída, as transformações do corpo e a execução dos dados, respetivamente.

Episódio vinte e nove: Modelando o Insight para Olhos de Bola para Visão Hiperespacial de Dimensões Superiores

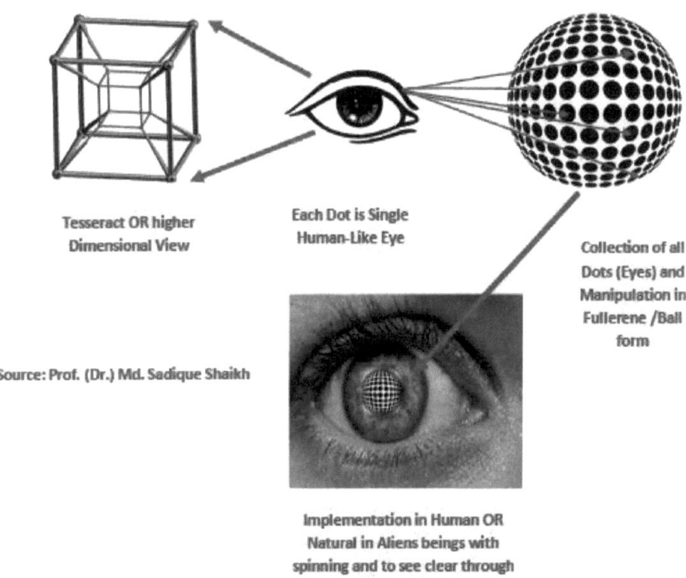

Para compreender esta ideia concetual complicada, deixem-me começar pela definição de VISÃO e depois de DIMENSÕES. A visão é a capacidade de adquirir a luz, as formas, os lugares e as cores que rodeiam o cérebro para criar uma CONSCIÊNCIA animada que, com a ajuda do cérebro, é chamada Vida Observável, Planeta, Universo e Multiverso. A Visão também é importante para o crescimento da Inteligência e Controlo do Cérebro para melhorar, desenvolver e moldar o planeta Terra e o Universo atualmente observável. Agora, gostaria de definir o termo Dimensões como a capacidade dos Olhos para analisar a Visão disponível à sua volta com a Esquerda, Direita, Cima, Baixo, Reflexão, Rotação, Transformação, Giro e Diagonal com todos os ângulos e geometria possíveis e fornecer dados ao Cérebro para criar Consciência de alta definição do ambiente, planeta, universo e multiverso. Para efeitos de compreensão, rotulámos as Dimensões que nós (Humanos) podemos ver e compreender como Mundo Tridimensional 3D como Eixo X, Eixo Y e Eixo Z com a quarta Dimensão adicional virtualmente TEMPO e o Cérebro cria a consciência 3D usando os Dados de Visão dos Eixos X, Y e Z depois de processados. Uma vez que os olhos humanos têm a capacidade de ver em três dimensões, é muito fácil ver o ponto [dimensão zero/nenhum eixo], como o confinamento e as partículas, a linha [uma dimensão/eixo X], como os raios, o objeto linear em forma de linha, o plano [duas dimensões/eixos X e Y], como o papel, o tapete, o papagaio ou qualquer objeto plano em forma de plano e, finalmente, o cubo/caixa [três dimensões/eixos X, Y e Z], onde podemos ver o nosso mundo completo e o universo observável, MAS apenas com o nosso sentido, a nossa compreensão, que é a nossa limitação e capacidade de ver o que os nossos olhos fornecem ao nosso cérebro e o nosso cérebro gera o significado da respectiva entrada como "3D-Consiousness Out" para a VIDA e o cenário é muito diferente, talvez estejamos a cada segundo a perder a visão do nosso ambiente, do mundo para o universo porque podemos ver e compreender apenas "Três Dimensões". O que quero dizer é que não somos uma espécie com visão de alta qualidade, mesmo alguns animais, répteis, pássaros e insectos têm uma boa visão em comparação com os olhos humanos. Para compreender a "visão dimensional", algumas representações são dadas a seguir.

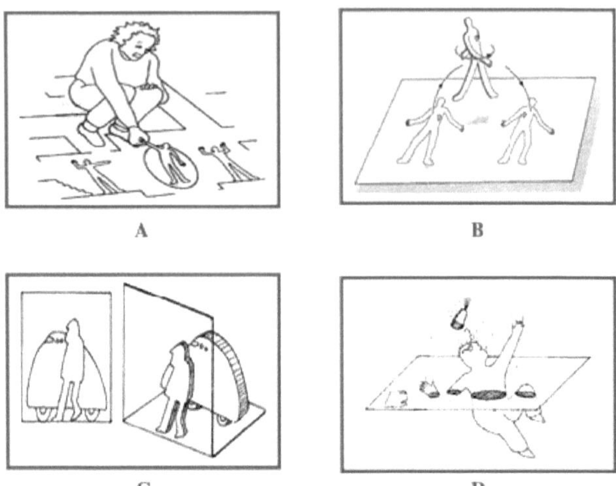

A B

C D

A figura A mostra espécies tridimensionais (cubo) em visita a espécies bidimensionais (plano). Esta figura mostra a fusão de espécies 2D (eixos X e Y) e 3D (eixos X, Y e Z) na interface ou no ponto de "troca/transformação de dimensões", com a passagem de 2D para 3D e vice-versa, se observarmos bem. Algumas possibilidades nas espécies 2D, quando rodamos da esquerda para a direita ou da direita para a esquerda, a posição dos elementos/órgãos do corpo, como o coração, também se altera, o que é impossível nas espécies 3D, como mostra a figura B. A figura C é uma comparação entre 2D e 3D para a mesma espécie com elementos/objectos e a figura D mostra como as espécies mudam do mundo bidimensional para o mundo tridimensional. Se o ser humano tiver a capacidade de entrar no mundo 2D, actuará como um ser humano super-poderoso com capacidades semelhantes às de Deus, por exemplo "Aparecer e Desaparecer" do topo (eixo Z) no plano 2D porque o mundo 2D não tem o eixo Z adicional que o mundo 3D tem.

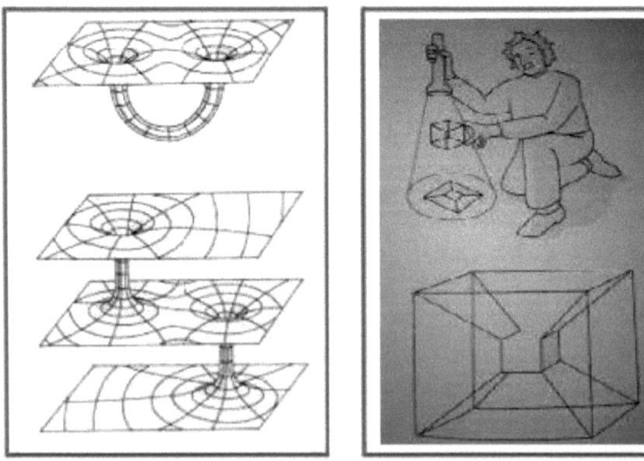

E F

Por isso, estou agora a chegar à minha descoberta "Olhos de Bola" e como ela será útil num futuro

próximo para ver e explorar dimensões superiores do Espaço e do Hiperespaço. Se o nosso cérebro der capacidade aos nossos olhos ou por qualquer meio Biológico (Natural) ou Externo feito pelo homem (Artificial), os nossos olhos têm a capacidade de "Visão Retroactiva - Mudança" de 0, 1, 2, 3 dimensões do mundo e de volta a nossa visão seria assim como a visão Humana mudar do mundo 3D para 2D toda a aparência na sua visão apenas cores misturadas complicadas intersectam planos de vários "Comprimento e Largura" com ausência de "Altura". Da mesma forma, se mudar de 2D para 1D, a visão completa terá um "Comprimento" diferente, cores misturadas e linhas complicadas de diferentes comprimentos, sem "Largura e Altura". E, finalmente, ao passar de 1D para 0D, todos os "Comprimento, Largura e Altura" estão ausentes e a visão aparece
se apenas poeira/partículas coloridas parecem estar a desaparecer e "todas as entidades são apenas poeira". Significa que, com a visão para trás, a consciência do cérebro converte as espécies em cubos, em planos, em planos em linhas finas e, finalmente, em partículas decrescentes (pontos), a poeira significa que "o mundo 3D humano não tem existência ou é semelhante à morte" no mundo e na visão de dimensão zero e é incapaz de fazer qualquer coisa. Mas no mundo 3D, a Visão e a Consciência da Espécie Humana são capazes de fazer muitas coisas e de fazer coisas extra ordinárias com a ajuda da Física Quântica, da Ciência e da Tecnologia, podemos dizer que a sua Visão e Consciência "Estáveis" ou "Confortáveis" do mundo 3D para ver, onde também usamos dimensões adicionais como o "Espaço" e o "Tempo" para localizar e relocalizar as nossas visões como Quando nos encontrarmos (Tempo) e onde nos encontrarmos (Espaço). A minha afirmação é que, à medida que nós e a nossa visão se tornam cada vez mais fracos, passamos da visão 3D para a 2D, 1D e 0D (sem existência). Da mesma forma, se num futuro próximo tivermos a capacidade de "visão para a frente" de 3D para 4D, 5D, 6D, 7D OUD, denominadas "Dimensões Superiores de
Space" we will became strong to stronger and strongest with our vision and consciousness having "Aliens-like" super powers like "Appear and disappear", "Travel with speed of light", "teleport from one space/universe to another space/universe using thoughts power", "able to travel back and forth in Time-Line and switch easily to our past, present and future", "Eyes have many dimensional Tesseract like vision to directly pass from thick interface, hyperspace, wormholes etc." e muitos mais, como se pode ver nas Figuras E, os buracos de minhoca interligam três "Espaços" diferentes num grupo chamado "Multiverso ou Hiperespaço" e F mostra a geometria mágica do Tesseract em projeção 2D, visão 3D física e simulação 4D. Por conseguinte, para captar uma visão tão extraordinária e extrema, precisamos de olhos extremos "Talvez algumas espécies de Alienígenas tenham no Universo/Multiverso" com muitos milhares de "Retinas (como os olhos humanos)", design e manipular em "Fullerene ou Ball-like", eu nomeei o termo "Ball Eyes" com todas as direções "Spinning" capacidade ou naturalmente em alguns Aliens com tal Ball Eyes em sua parte do corpo (não é obrigatório apenas na cabeça como a espécie humana) e pode ser implementado em humanos Artificialmente, mas com a capacidade de "Ball Eye Spinning" e "Ball Eyes pode ver fora de dentro de parte dele no corpo de forma transparente", onde mil pontos representam mil olhos declarados em Ball / Fullerene para "BallEyes" com capacidade de visão hiperespacial de alta dimensão para tornar a humanidade Ultra-Imortal como mostra o meu modelo traçado no início.

Sobre o livro

Este livro não é apenas uma monografia académica, mas uma viagem rápida ao futuro da Inteligência Artificial com a minha modelação, visão, previsão, perspectivas e abordagens modernas. Todos os conceitos, conteúdos e modelos, tal como o livro foi escrito, foram redigidos numa linguagem muito fácil de compreender por todos os níveis de leitores, o que o deixou sem palavras depois de ler este livro. Tentei o meu melhor para criar uma Etiópia completa da Inteligência Artificial com todos os seus impactos positivos, negativos e controláveis de forma lúcida. Por isso, o livro não se destina apenas a engenheiros, profissionais, investigadores e designers de IA, mas também a todos os leitores em geral que estejam interessados no Presente e no Futuro da Inteligência Artificial.

Resumo do autor

O Prof. (Dr.) Md. Sadique Shaikh é um dos mais destacados colaboradores no domínio da Inteligência Artificial Avançada e cunhou vários novos termos, conceitos, teorias e modelos em IA. Tem qualificações de M.S(ES), M.Tech (IT), MBA (HRM), MBA(MM), PGDM, DBM, M.Phil, DMS(IBM) seguido de doutoramento. É atualmente Diretor da AIMSR, autor/orador e cientista internacional. Publicou 67 livros internacionais em mais de 9 línguas internacionais, 126 artigos de investigação e 130 artigos de conferências. Foi distinguido com vários prémios nacionais e internacionais e é mundialmente reconhecido como cientista eminente, orador, professor, investigador, OCM, EDM e redator-chefe de várias conferências/simpósios de renome, revistas de gestão de ciência/tecnologia/engenharia e em vários organismos educativos.

Printed by Books on Demand GmbH, Norderstedt / Germany